DR. MED. VET. ASTRID SCHUBERT

Meine eigenwillige Katze

So stimmt's zwischen uns beiden

FOTOS: MONIKA WEGLER
WHISKAS®

Inhalt

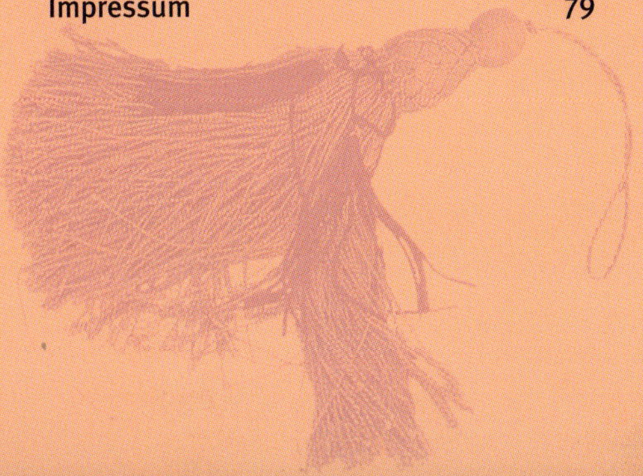

Hoppa
Hoppp
ahop
pala
Hopplta
hoppa

Typisches aus dem Katzenleben

Sie sitzt schnurrend auf dem Schoß und strahlt Gemütlichkeit aus. So mögen wir unsere Schmusekatze am liebsten. Doch Samtpfote zeigt sich nicht immer so, sie kann auch ganz andere Seiten aufziehen. Haben wir sie dann vielleicht nicht richtig verstanden?

»Kätzisches« Verhalten

Die Katze verdient sich nicht umsonst den Namen »Stubentiger«, denn einmal gibt sie sich als Schmusekatze, dann wieder als »wilder Feger«. Manche Tiere bereiten ihren Besitzern echtes Kopfzerbrechen und beeinträchtigen durch ihr Verhalten das harmonische Zusammenleben. Oft sind nur Missverständnisse zwischen Mensch und Katze die Ursache. Deshalb ist es zunächst wichtig, typisches Katzenverhalten verstehen zu lernen.

Karlos Geschenk

Mein Kater Karlo war nun schon seit mehr als zwei Stunden fort. Wo blieb er nur? Hoffentlich war ihm nichts passiert. Doch dann stand er plötzlich vor mir und legte mir sein Geschenk vor die Füße: ein Mäuschen – für Karlo bestimmt die größte Liebeserklärung an mich.

Von Hauskatzen und ihren Verwandten

Von ihren wild lebenden Verwandten hat sich unsere Hauskatze weder in ihren Eigenschaften noch in ihrem Körperbau weit entfernt:

➤ Auch die Hauskatze hat ein hoch entwickeltes Gehör, das hohe Frequenzbereiche sogar besser wahrnimmt als der Hund.

➤ Sie hat einen exzellenten Tastsinn, der kleinste Vibrationen des Bodens, wie eine unter der Erde krabbelnde Maus, über die Sinneszellen in den Fußballen wahrnimmt.

➤ Ihr hervorragender Gleichgewichtssinn macht die Katze nicht nur zum Weitsprung-

Hier hat doch etwas im Gras geraschelt. Minka spitzt die Ohren und lauscht erregt.

künstler mit perfekter Zielgenauigkeit, sondern auch zum Drahtseiltänzer und ermöglicht ihr, selbst beim Fall aus größerer Höhe heil auf den vier Pfoten aufzukommen.

➤ Sie kann sich lautlos anschleichen und beherrscht alle anderen Verhaltensweisen, um erfolgreich auf die Jagd zu gehen.

Teilt man Haus oder Wohnung mit einem Exemplar dieser wunderbaren Tierart, bekommt man auf die eine oder andere Weise die typischen Eigenschaften und Verhaltensweisen zu spüren, die sich über Jahrtausende entwickelt und gehalten haben. Allerdings unterscheidet sich die Hauskatze von der scheuen Wildkatze Afrikas durch ihre Toleranz, mit uns Menschen sogar sehr enge Beziehungen einzugehen und die Vorteile daraus zu genießen.

So jagen Katzen

Schon früh beginnen junge Kätzchen, sich in der Kunst des Jagens zu üben. Jeder Korken, jeder Tischtennisball wird zur virtuellen Maus für die kleinen Tiger, die damit ihrem angeborenen Jagdtrieb folgen und die körperlichen Fertigkeiten mit jedem Spiel verbessern. Vor allem im Spiel mit den Geschwistern lernen junge Kätzchen, wie sie einer Maus auflauern, sich anschleichen und sie schließlich anspringen müssen, damit sie später einmal erfolgreich Beute machen können.

So sinken die Überlebenschancen eines wilden Kätzchens deutlich, wenn es ohne Geschwister geboren wird, denn jetzt hat es keine Möglichkeit, das lebenswichtige Beschaffen der Nahrung durch das Spielen mit Bruder oder Schwester zu üben. Der wedelnde Schwanz der Mutter, den sie

Voll konzentriert beobachtet der Abessinier-Kater die Fische im Gartenteich.

geduldig als Jagdgbeute anbietet, ist zwar ein gutes Training, aber doch kein Ersatz für das kleine, nichts ahnende Schwesterchen, das man von hinten anspringen und damit so wunderbar überraschen kann. Später bringt die Mutter den Kätzchen lebende Mäuse mit »nach Hause«, damit die Kleinen noch besser üben können. Das Zuschauen dabei macht sicher keinen Spaß, denn die kleinen Katzen müssen auch den Tötungsbiss erst lernen und die meisten Mäuse werden deshalb nicht sofort getötet.

Auch bei älteren Katzen lässt sich das Spielen mit der Beute manchmal beobachten. Warum sie das tun, ist noch nicht klar. Vermutet wird unter anderem, dass dies besonders Katzen tun, denen es an Gelegenheit mangelt, ihrem Jagdtrieb intensiv nachzugehen. Auf diese Weise verlängern sie die Jagd und damit natürlich auch die »Lust« am Jagen.

Es ist wichtig zu wissen, dass Katzen nicht nur Beute machen, weil sie Hunger haben. Auch satte Katzen jagen, wenn sich die Gelegenheit dazu bietet. Dies hat eine verständliche Erklärung: Statistisch gesehen ist nur jeder zehnte Jagdversuch einer Katze erfolgreich. Sie braucht aber etwa 15 Mäuse pro Tag, um zu überleben. Die Katze kann sich also nicht darauf verlassen, Beute erst dann zu machen, wenn der knurrende Magen sich meldet. Kurz: Eine Katze kann es sich einfach nicht leisten, Beute unbejagt vorbeiziehen zu lassen.

Tipp

Zwei Katzen. Der Trend bei der Katzenhaltung geht zur Zweitkatze. Wenn Sie sich für zwei Katzen entscheiden, nehmen Sie am besten ein Geschwisterpärchen. Auch der Harmonie-Faktor zwischen Mutter und Tochter ist hoch, wenn man das Kleine nicht zwischendurch weggibt.

Katzen lieben Ruhe

Wenn eine Katze nicht auf der Jagd ist oder einen Patrouillengang durch das Revier führt, liegt sie sicher an einem gemütlichen Platz, putzt sich, döst oder schläft. Kaum ein anderes Tier schläft so viel wie die Katze. Sie verbringt mehr als die Hälfte des Tages damit und speichert so die Energie, die sie braucht, um erfolgreich auf Beutefang gehen zu können. Letzteres tun viele Katzen besonders gern in der Dämmerung. Zu dieser Zeit sind nämlich die Nager aktiv, die auf dem Katzen-Speiseplan stehen. Dies ist der Grund, warum auch viele Samtpfoten, die ausschließlich in der Wohnung leben, in den Abendstunden munter werden und besonders gern spielen. Aber nicht jede Katze folgt dieser inneren Uhr. Es gibt auch Tiere, die sich dem Rhythmus des Menschen angepasst haben und abends lieber eingerollt und schnurrend neben ihm auf der Couch liegen. Andere schlafen vormittags, weil die Kinder nach der Schule zu viel Unruhe ins Haus bringen und sie dann nicht völlig entspannen können.

Überblick behalten. Besonders gern schlafen oder dösen Katzen auf erhöhten Plätzen. Hier haben sie einen guten Überblick. Schränke, Fensterbänke oder spezielle Sitzbretter für die Katze bieten hierzu ideale Möglichkeiten. Katzen, die auch am Boden lang gestreckt und entspannt schlafen, fühlen sich in ihrer Umgebung besonders wohl und sicher.

Sich pflegen. Das Lecken des Fells dient dabei nicht nur dessen Pflege, sondern ist auch ein Verhalten, mit dem die Katze ihr Wohlbefinden steigert – das so genanntes Komfortverhalten. Fühlt die Katze sich unwohl, hilft ihr das Putzverhalten, sich zu entspannen und besser zu fühlen. Erschreckt sich eine Katze zum Beispiel vor einer plötzlichen Bewegung, springt sie zunächst ein paar Meter aus der vermeintlichen Gefahrenzone, um sich dann – wenn offensichtlich doch keine Gefahr droht – hinzusetzen und zu putzen. Putzen beruhigt. Auch das Streicheln des Menschen empfindet die Katze ähnlich. Die Hand ist wie die Zunge der Katzenmutter und kann auf eine Katze entspannend wirken.

Einzelgänger oder »Partylöwe«

Eine Hauskatze, die Freigang im Garten und in der Umgebung hat, könnte auch ohne menschliche Partnerschaft leben, ohne zu vereinsamen. Das heisst jedoch nicht, dass sie den Kontakt zu ihren Menschen nicht genießt.

Hat sich der Stubentiger erst einmal an Sie, eine andere Katze oder sogar an ein anderes Tier gewöhnt, kann er eine sehr enge Beziehung zu diesen Lebenspartnern

Von der Mauer aus hat Bengal-Kater Momo sein Revier gut im Blick.

eingehen. Vor allem Katzen, die nur in der Wohnung gehalten werden, schätzen die Anwesenheit einer zweiten Katze unter Umständen sehr, denn eine Wohnung kann in der Regel nicht das Unterhaltungsprogramm der Natur ersetzen. Ein Spiel- und Schmusepartner ist dann ein willkommener Zeitvertreib. Dies gilt jedoch nicht für alle Stubentiger. Einige Tiere sind ausgesprochene Einzelgänger und akzeptieren die Anwesenheit einer anderen Katze nicht. Meist ist dieses Verhalten erblich bedingt und wird von den Eltern auf die Kinder übertragen (→ Seite 23). Werden Katzen in Gruppen gehalten, kann sich eine soziale Struktur unter diesen Tieren entwickeln. Sie putzen sich, schlafen aneinander gekuschelt und spielen miteinander.

Neugierig, aber noch etwas zaghaft entdeckt das junge Kätzchen seine Umgebung.

Das ist mein Revier!

Katzen brauchen ihr eigenes Territorium. Hier jagen sie und verteidigen es auch gegen unerwünschte Artgenossen. Katzen ohne Freilauf betrachten die Wohnung als ihr Revier. Das Bedürfnis, dieses Revier gegen fremde Artgenossen abzugrenzen, bleibt bei ihnen jedoch ebenso bestehen wie bei Katzen mit Freilauf. Befreundete Katzen benutzen das Territorium zusammen. Aber auch fremde Katzen können sich ein Revier teilen, indem sie nämlich eine Art Vertrag schließen, wer das Gebiet zu welcher Zeit betreten darf. Um diesen Vertrag auszuhandeln, bedarf es, wie beim Menschen auch, der Kommunikation (→ Wie sich Katzen unterhalten, Seite 11).

Wie groß das Revier für eine Katze sein muss, hängt stark von der Persönlichkeit der Katze ab und von der Umgebung, in der sie lebt. Auf dem Land kann ein unkastrierter Kater ein Revier bis zu 60 ha sein Eigen nennen, ein kastrierter Stadtkater dagegen gibt sich bereits mit 80 qm Fläche zufrieden. Eine vom Wesen her eher ruhige Perserkatze lebt dagegen auch in einem Zweizimmer-Appartement glücklich, vorausgesetzt, ihr werden genügend Abwechslung und Beschäftigung geboten. Die lebhaften Siamkatzen oder Burmesen können in zu kleinen Revieren oder bei Beschäftigungsmangel allerdings auch im wahrsten Sinne des Wortes die »Wände hochgehen«.

In dicht besiedelten Gebieten brauchen Hauskatzen kein großes Revier. Ihr Futter bekommen sie von ihren Menschen und deshalb ist es nicht nötig, eine volle »Speisekammer« zu besitzen.

Wie gut kennen Sie Ihre Katze?

		Ja	Nein
1	Katzen schlafen bis zu 18 Stunden am Tag.	○	○
2	Katzen sehen ihren Besitzer als Muttertier.	○	○
3	Putzen dient nicht nur der Fellpflege, sondern beruhigt die Katze auch bei Stress.	○	○
4	Katzen markieren ihr Revier durch Kopfreiben, Kratzen oder mit dem Absetzen von Urin.	○	○
5	Zu einem ausgefüllten Leben einer Wohnungskatze gehört viel Spiel und entsprechende Katzenaerobic.	○	○
6	Katzen lernen die Stubenreinheit auch durch Abschauen von der Mutter.	○	○
7	Junge Katzen üben im gemeinsamen Spiel das spätere Jagen der Beute.	○	○
8	Katzen schlafen gern auf erhöhten Ruheplätzen.	○	○

8-mal Ja: Sie kennen die Bedürfnisse und Ansprüche Ihrer Katze sehr gut. Ihrer Katze wird es bei Ihnen an nichts fehlen. 5- bis 7-mal Ja: Sie haben sich mit dem Wesen Ihrer Katze auseinander gesetzt, kennen es aber noch nicht ganz genau. 0- bis 4-mal Ja: Sie müssen Ihr Wissen über Katzen noch weiter vertiefen.

Wie sich Katzen unterhalten

Katzen sind wahre Geruchsfetischisten. Sie »unterhalten« sich untereinander hauptsächlich über Gerüche. Uns bleibt diese Welt der Kommunikation jedoch meist verschlossen oder eröffnet sich erst, wenn's so richtig stinkt.

Duftspuren. Die feinen Gerüche, die Katzen durch das Reiben ihres Kopfes oder der Flanken und damit der dort liegenden Duftdrüsen hinterlassen, nehmen wir zumindest nicht bewusst wahr. Auch die Duft-Markierung aus den Drüsen zwischen den Sohlenballen beim Kratzen an Bäumen oder Möbeln sind nicht für unsere Nase bestimmt, werden von anderen Katzen aber sehr gut wahrgenommen.

Diese Botschaft ist eine Kombination für Nase und Augen, da auch die Kratzspuren selbst ein Signal darstellen. Einige Katzen kratzen auch demonstrativ in Anwesenheit anderer Katzen am Baum oder nächstgelegenen Brett, um diesen zu zeigen, wie stark ihr Selbstbewusstsein doch ist.

Eine der stärksten und selbst für uns gut wahrnehmbare Markierung ist die mit Urin, der an Büschen oder anderen markanten Stellen abgesetzt beziehungsweise zum Beispiel an die Wand gespritzt wird. Dies machen übrigens nicht nur Kater, sondern

auch Katzendamen. Ebenso dient das Hinterlassen unvergrabener und damit für alle nicht nur riech-, sondern auch sichtbarer Kothaufen als Markierung.

Informationen. Die Markierungen sind wie ein Steckbrief über Alter, Geschlecht und sexuellen Status sowie Gesundheitszustand der Katze. Auch kann der genaue Zeitpunkt der Erstellung der Markierung errochen werden. So zeigt der Markierer seinen Anspruch auf dieses Gebiet fremden Katzen gegenüber an. Übersetzt könnte die Botschaft lauten: »Hier bin ich und wenn Du keinen Ärger willst, dann geh' besser oder komm' später wieder!« Auf diese Weise können sich mehrere Katzen das Revier teilen. Jede Katze hat ihre persönliche Jagd- und Spazierschicht, in der sie das Revier nutzt, und hält sich auch daran. Mit Hilfe der Markierungen vermeiden die Katzen persönliche Begegnungen und direkte Auseinandersetzungen, bei denen jede schließlich auch das Risiko eingeht, eine Verletzung davonzutragen. Andererseits dienen diese Markierungen der emotionalen Absicherung. Die Katze umgibt sich mit ihrem eigenen Geruch, der ihr ein Gefühl der Sicherheit oder Geborgenheit gibt.

»Nasse Pfoten? Nein danke. Ich hab' alles fest im Griff.«

Gesten und Mimik. Befreundete Katzen begrüßen sich mit einem aufgerichteten Schwanz und reiben die Köpfe aneinander. So tauschen sie die bereits erwähnten Geruchssekrete untereinander aus. Dies führt zu einem Gruppengeruch unter zusammenlebenden Katzen, der eine Art Mitgliedsausweis darstellt. Die Geruchsprobe zeigt sofort: »Du gehörst dazu – du nicht!« Weniger freundliche Katzen »blasen sich auf«, indem sie einen Buckel machen oder das Fell sträuben und damit selbst für uns optisch deutlich an Größe und Gefährlichkeit gewinnen. Kommt dann noch der starre Blick mit großen Pupillen und das tiefe Knurren oder ein spuckendes Fauchen dazu, ist es für Tier wie Mensch spätestens an der Zeit das Weite zu suchen.

Lautsprache. Zum vokalen Repertoire einer Katze gehört vor allem das Schnurren und das berühmte »Miau«. Insgesamt haben Wissenschaftler sechzehn verschiedene Lautäußerungen bei Katzen gefunden. Individuell können Katzen auch ihre ganz persönlichen »Miaus« komponieren, dabei steht die Siamkatze in ihrer Kreativität und Sangeslust mit Abstand an erster Stelle. Übrigens miauen erwachsene Katzen untereinander normalerweise nicht. Nur Kätzchen tun dies.

Dass auch große Katzen wieder in die Rolle des kleinen Kätzchens schlüpfen, zeigt sich, wenn sie zum Beispiel ihre Menschen mit einem Miau begrüßen, nachdem sie vom Jagen nach Hause gekommen sind.

Mit der Katze unterwegs

Was treiben Katzen eigentlich den ganzen Tag? Einen Großteil ihrer Zeit widmen sie der Entspannung und der Körperpflege. Mehrmals täglich wird das Revier inspiziert und auch die Jagd darf nicht zu kurz kommen. Wohnungskatzen brauchen Anregungen zum Spiel, damit es nicht langweilig wird.

Gibs's mir!

Futter angeln & Spiel

Schinkenstückchen aus der Hand ihres Menschen angeln oder gespannt vor dem Mauseloch warten: Immer setzt die Jägerin ihr ganzes Können ein, um die Beute zu bekommen. Mit gleicher Leidenschaft spielen Katzen. Raschelndes Herbstlaub weckt die Neugierde dieses kleinen Tigers.

Neues entdecken

Kaum ein anderes Tier ist neugieriger als die Katze. Überall wird die »Nase« hineingesteckt und mit der Pfote »nachgehakt«. Katzen mit Freilauf finden draußen ausreichend Anregung und Abwechslung. Wohnungskatzen dagegen brauchen ersatzweise Spielzeug, und natürlich das Spiel mit Ihnen.

Essen & Trinken

Katzen bevorzugen viele kleine Mahlzeiten über den Tag verteilt. Füllen Sie den Napf morgens mit der Trockenfutter-Tagesration und überlassen Sie es der Katze, wann sie »zu Tisch« kommt. Milch ist kein Getränk, sondern ein Nahrungsmittel. Gegen den Durst trinken Katzen Wasser.

Ausruhen

Bis zu 16 Stunden verbringt die Katze mit Relaxen. Darunter sind aber nur kurze mehrminütige Tiefschlafphasen, in welchen die Katze offensichtlich auch träumt. Dann zucken die Pfoten, die Schwanzspitze schlägt hin und her und unter den geschlossenen Lidern bewegen sich die Augen.

Spaziergang & Pflege

Immer wieder inspiziert die Katze ihr Revier. Drei bis vier Stunden verbringt sie mit der ausgiebigen Fell- und Krallenpflege. Dabei dient die Zunge gleichzeitig als Waschlappen und Kamm. Mit den Zähnen schärft sie ihre Krallen und abgestorbenes Horn wird dabei entfernt.

Katzen-wäsche

it for fun

Action & Wellness

Auch der sanfteste Stubentiger ist im Grunde seines Wesens ein Raubtier geblieben, das Bewegung und Herausforderungen benötigt. Danach genießt die Katze ihr kuscheliges Körbchen. Diese Balance zwischen Action und Entspannung hält sie fit und verhindert Verhaltensstörungen.

iaaou
iaaaou
iaaaou
iaaou

So finden Sie Ihre Traumkatze

Ja, wie findet man nun das Traumwesen, das Schmusekatze und Ansprechpartner zugleich ist? Oder vielleicht hat sich die Katze Sie als ihren Traumpartner erwählt? Es sollte schon einiges übereinstimmen zwischen Ihnen und Ihrem Schmusetiger, damit's harmonisch wird.

Die richtige Katze für Sie

Fast vergessen sind die Tage, in denen die Hauptaufgabe der Katze im Mäuse- und Rattenfang bestand und Katzen mit einem lauten »Schhhhhhh!« und einem Schwung des Reisigbesens aus der Küche des Bauern gejagt wurden. Heute sind Katzen Familienmitglieder und wichtige Ansprechpartner für uns Menschen. Viele Senioren teilen ihren Lebensabend mit einem Stubentiger und immer mehr Katzen finden ein Zuhause in Familien und vor allem in den Single-Haushalten der Großstadt.

Katzen passen ins moderne Leben

Katzen scheinen sich unserem modernen Leben problemlos anzupassen. Eine große Anzahl von Menschen ist berufstätig, lebt in einer Stadtwohnung, weit entfernt von Wäldern und Wiesen, und nutzt ausgiebig das Freizeitangebot zwischen Theater, Kino und Fitness-Studio. Man verbringt immer weniger Zeit zu Hause. Eine Katze braucht keine 24-Stunden-Betreuung, um glücklich zu sein. Sie braucht allerdings ausreichend Möglichkeiten, ihrem Bedürfnis nach Beschäftigung nachzugehen, ihren Jagdtrieb

Schmusekatze Mia

Nichts liebt Mia mehr als unsere gemeinsamen Schmusestunden auf der Couch. Wenn ich sie sanft streichle, schnurrt sie wie ein kleiner Motor. Und ich? Auch mir geht's dann so richtig gut. Mit meiner Hand auf Mias warmem weichen Körper vergesse ich jeden Stress.

zumindest spielerisch auszuleben und einen Lebensraum, der groß genug ist, um ihr Bedürfnis nach einem Revier zu befriedigen. Dies gilt vor allem für Katzen, die nur in der Wohnung gehalten werden. Natürlich braucht eine Katze auch genügend Schmuseeinheiten von ihren Menschen. Doch wann sie sich diese abholt, bestimmt sie letztendlich selbst. Ist ihr nach Zärtlichkeit, kommt sie, springt auf den Schoß und zeigt damit deutlich, wonach ihr der Sinn steht. Hat sie genug, springt sie ebenso schnell wieder auf den Fußboden und verschwindet, ohne ein Wort des Dankes oder des Abschieds. Katzen sind charmante Egoisten, die sich in erster Linie um ihr eigenes Wohlergehen sorgen. Aber gerade das wird von echten Katzenfans besonders hoch geschätzt.

Mutterkatze Mensch

Verhaltensforscher konnten zeigen, dass die Katze »ihren« Menschen als großes zweibeiniges Muttertier sieht und in seiner Anwesenheit in die von Mami noch sehr abhängige Katzenbaby-Rolle schlüpft. Sie kommuniziert über das berühmte »Miau«, wie es nur Kätzchen mit ihrer Mutter tun, viele Katzen treteln oder sabbern sogar, wenn sie auf dem Schoß sitzen und gestreichelt werden. Letztere sind Verhaltensweisen, die aus der Zeit des Säugens bei der Katzenmutter stammen und wieder aus der Schublade geholt werden, wenn die zweibeinige Mama oder der Papa den kleinen Tiger streicheln. Auch das Schnurren dient als akustische Untermalung des Wohlbefindens, das Kätzchen zeigen, wenn ihre Mutter ihnen zum Beispiel eine Ganzkörperwäsche mit der Zunge verpasst.

Die Qual der Wahl

Ob Ihre Vorstellungen von der zukünftigen Traumkatze in Erfüllung gehen, hängt von einigen Faktoren ab, die Sie bei der Wahl der richtigen Katze für sich selbst unbedingt beachten sollten.

Der auf dem Foto ist mein Bruder Felix. Ich hab ihn zum »Fressen« gern.

Erwachsene Katze oder Kätzchen?

Kätzchen. Katzenkinder verlangen in den ersten Wochen besonders viel Nähe, Zuwendung, Pflege und auch Beaufsichtigung von ihren Menschen. Deshalb sollten Sie sich besser Urlaub nehmen, um das Kleine zu betreuen. Kätzchen sind offen für alles und gliedern sich meist schnell in das Familienleben ein.

Erwachsene Katze. Eine ältere Katze dagegen ist auch mit weniger Aufmerksamkeit zufrieden. Sie können sie tagsüber recht bald allein lassen und die meisten Tiere sind auch schon stubenrein und kastriert. Andererseits brauchen ältere Katzen etwas länger, um sich an das neue Zuhause und ihre neuen Menschen zu gewöhnen.

Die wunderschöne Britisch-Kurzhaar-Kätzin Isabella mit ihrem Lieblingsspielzeug.

Welche Katze passt zu Ihnen?

Katzen sind Individualisten. In ihrer Persönlichkeit gibt es oft große Unterschiede. Da wären zum Beispiel die Sanfte, die Vorwitzige, die Mimose, die Diva und die Gesellige (→ Seite 24/25). Welches Temperament am ehesten zu Ihnen passt und welche Haltungsbedingungen Sie der Katze bieten können, müssen Sie sich selbst beantworten. Doch woran erkennt man überhaupt den Charakter einer Katze? Diese Frage ist nicht leicht zu beantworten. Bei erwachsenen Katzen ist der Charakter meist schon ausgeprägt, und Sie können schnell einschätzen, ob es sich um ein ruhiges Tier oder eher einen »Wirbelwind« handelt. Bei sehr kleinen Katzen hilft nur die genaue Beobachtung. Ein Abenteurer verlässt sicher schneller das warme »Nest« als ein Sensibelchen.

Am sichersten in Bezug auf den Charakter gehen Sie mit einer Rassekatze. Jede Rasse hat bestimmte Wesensmerkmale, die im Rassestandard beschrieben sind. Danach gilt beispielsweise die Perserkatze als ruhig, leise und liebevoll. Die Britisch Kurzhaar ist zurückhaltend und ruhig, die Burma besonders aufgeschlossen und an allem interessiert. Die Norwegische Waldkatze wird als selbstständig und freiheitsliebend charakterisiert. Sie ist nicht für ein Leben in der Stadtwohnung geeignet. Infomieren Sie sich am besten bei den Katzenzuchtverbänden(→ Seite 78).

1 Erst Krallen in die »Beute« schlagen ...

2 ... dann intensiv dran riechen.

3 Das kitzelt aber in der Nase.

4 Mal dran lecken, ob's auch wirklich schmeckt.

Woher man Katzen bekommt

Es gibt verschiedene Möglichkeiten, zu einer Samtpfote zu kommen.
Züchter: Grundsätzlich sind die Erfahrungen, die junge Kätzchen in den ersten Wochen mit dem Menschen und ihrer Umwelt machen, sehr wichtig. »Sozialisierung« nennt man diesen Prozess. Die kleinen Kätzchen befinden sich bis zur siebten Woche in einer psychisch sensiblen Entwicklungsphase. In dieser Zeit sind sie besonders offen für alles Neue und knüpfen ohne Probleme auch Freundschaften außerhalb ihrer Katzenverwandtschaft. Wenn Sie Ihre Traumkatze von einem Züchter holen, sollten Sie unbedingt darauf achten, dass die Kätzchen bereits an Menschen gewöhnt wurden. Möglicherweise hat der Züchter, im Gegensatz zu Ihnen, aber keine Kinder. Dann ist es ratsam, das Kätzchen vor Ende der Sozialisierungsphase – also bereits mit etwa sechs Wochen – öfters mit

Tipp

Auf der Suche nach der Zweitkatze. Das soziale Wesen einer älteren Katze lässt sich besser beurteilen als das eines jungen Kätzchens. In einem gut geführten Tierheim werden Katzen in Gruppen gehalten. So kann man bereits beobachten, ob eine Katze grundsätzlich gern mit Artgenossen zusammensitzt oder sich lieber zurückzieht.

den Kindern zu besuchen. Eine Ausnahme bilden Siamesen und andere Orientalen, deren sensible Phase bis zur zehnten Woche andauert.

Tierheim. Wer sich für ein erwachsenes Tier entscheidet, sollte auch im Tierheim vorbeischauen, wo sehr viele Katzen auf ein neues Zuhause warten. Katzen werden zum Beispiel aus Zeitgründen, aufgrund eines Umzugs, einer Trennung oder wegen einer Allergie abgegeben. Sehr viele dieser Tiere sind liebenswerte Schmusekatzen. Das Verhalten der Katze im Tierheim selbst ist nicht immer ausschlaggebend. Auch zunächst scheue Katzen können sich später zu ausgeprochenen Schmusern mit größtem Zutrauen zu ihren Besitzern entwickeln, bleiben aber wahrscheinlich fremden Menschen gegenüber scheu. Ein gutes Tierheim achtet darauf, dass die Katze auch in ihrem neuen Heim ähnliche Verhältnisse vorfindet wie gewohnt. So sollte beispielsweise ein so genannter »Freigänger«, der den süßen Geruch der Freiheit schon mal in der Nase hatte, auch wieder einen Platz mit Auslauf bekommen. Folgt man diesem Rat nicht, könnte die Katze auch eine noch so schöne Wohnung als Gefängnis empfinden und aus diesem Grund Verhaltensstörungen entwickeln.

Kätzchen vom Bauernhof. Kätzchen von halbwilden Bauernhofkatzen verbringen

Was Kinder beachten müssen

- **Zärtlichkeit.** Die meisten Katzen werden gern gestreichelt. Jedoch nicht immer und überall. So ist der Bauch zum Beispiel eine empfindliche Zone, und auch gegen den Fellstrich gestreichelt zu werden, schätzen Schmusekatzen gar nicht.
- **Auszeit.** Katzen brauchen viel Schlaf. Dies gilt auch und besonders für junge Kätzchen, die sich zwar gern von ihrer Siesta abhalten lassen, jedoch durch den Schlafmangel auf Dauer nervös werden können.
- **Lärm.** Katzen sind sehr geräuschsensibel und empfinden Babygeschrei oder laute Kinderstimmen eventuell als Störung. Hier sollten die Eltern darauf achten, dass die Katze ruhigere Rückzugszonen zur Verfügung hat.
- **Hände weg beim Spiel.** Hände und Füße sollten als Spielzeug für die Katze von Anfang an tabu sein. Besser man spielt mit Katzenangeln, kleinen Bällen, Fellmäusen oder einfach einem Stück Schnur.

Tipp

Die beste Garantie. Wenn Sie sich für eine junge Katze entscheiden, sollten Sie darauf achten, wie das Kleine bisher aufgewachsen ist. Sind viele Bedingungen ähnlich wie bei Ihnen daheim, so ist dies die beste Garantie dafür, dass sich das Kätzchen schnell und problemlos bei Ihnen eingewöhnt.

die ersten Wochen meist, von der Mutter versteckt, fern vom Menschen. Wenn die Kleinen sich dann endlich aus dem Versteck wagen, ist die sensible Phase fast vorbei. Diese Katzen akzeptieren die Nähe des Menschen zwar, allerdings häufig nur auf Distanz. Mit der entsprechenden Geduld können sie jedoch durchaus zutrauliche Hauskatzen werden. Für Kätzchen vom Bauernhof ist ein Platz mit Möglichkeiten zum Freilauf besser geeignet als reine Wohnungshaltung.

Freunde und Bekannte. Aus den gleichen Gründen, warum Katzen im Tierheim landen, werden auch Katzen privat abgegeben. Übernimmt man solch ein Tier, sollte man sich ausführlich über die Vorgeschichte informieren lassen. Das hilft, sich auf die Besonderheiten des Stubentigers einzustellen und ihm die Eingewöhnung in sein neues Zuhause zu erleichtern.

Die ewig Scheue

Tatsächlich gibt es Katzen, die niemals richtig zahm werden. Diese Scheu vor dem Menschen kann angeboren sein. Meist handelt es sich um Katzen, die über Generationen wild und vom Menschen isoliert aufgewachsen sind. Die Scheu vor den Menschen, ihren Straßen und auch ihren Autos kann hier sogar ein lebensverlängernder Faktor sein, der auch genetisch verankert ist. Entsprechend misstrauisch zeigen sich häufig auch die Jungtiere solcher Eltern. Sie werden vielleicht nie so zahm wie die Kätzchen einer »coolen« Familienkatze, die sich nicht einmal von den temperamentvollen Kindern aus der Ruhe bringen lässt.
Aber auch unter Katzen, die eng mit dem Menschen zusammenleben, gibt es den nervösen Typ, der bei jedem lauten Geräusch hinter dem Sofa verschwindet. Hier kann ebenfalls die Vererbung solcher Wesenseigenschaften eine Erklärung sein. Eine Behandlung mit Bachblüten, die für jede Katze individuell vom Tierarzt erstellt werden sollte, kann hier eine große Hilfe sein.

Schon für junge Kätzchen gehört Fellpflege zum Pflichtprogramm.

Katzen mit Persönlichkeit

Keine Katze ist wie die andere. Da gibt es zum Beispiel die Vorwitzige, die sich am ehesten von Mama wegtraut, oder die Zurückhaltende, die immer den anderen den Vortritt lässt. Natürlich kann eine Katze auch mehrere Charakterzüge in sich vereinigen. Entscheiden Sie, welche zu Ihnen passt.

Diva

Sanfte & Diva

Die Sanfte fährt ihre Krallen nur im äußersten Notfall aus und geht Konflikten lieber aus dem Weg. Sie drängt sich nie auf und braucht deshalb einen einfühlsamen Menschen. Die Diva hingegen weiß sich in den Mittelpunkt zu stellen, fordert Zuwendung ein und liebt Bewunderung.

Mimosen-mimi

Mimose & Abenteurer

Sie ist das »Seelchen« unter den Katzen. Die ganze Welt erscheint ihr zu laut, zu fremd zu hektisch. Diese Katze braucht sehr zartfühlende Menschen. Für den Abenteurer kann nichts aufregend genug sein. Allem Neuen begegnet er voll Interesse. Dieser Typ braucht viel Anregung.

Die Soziale

ie lebt nicht gern alleine und enießt die Gesellschaft von Art-enossen. Häufig sorgt sie in der atzengruppe für Ausgleich, als so enannter »peacemaker«. Diese Vesensart wird zum Teil von den ltern vererbt und durch ihr sozia-es Umfeld in der Prägungsphase bis zur 12. Woche) ausgebildet.

Hmm, süße Mäuse

Das ewige Kind

Alle Wohnungskatzen bleiben lebenslang abhängige Katzenkinder, die wir, im übertragenen Sinne, als Katzeneltern ernähren müssen. Der Typ »ewiges Kind« ist besonders verspielt, meist sehr anhänglich, spricht gern mit uns und genießt es, von uns umsorgt und umhegt zu werden.

Lonesome Rider

Einzelgänger & Macho

Es gibt ausgesprochene Einzelkatzen, die glücklicher sind, wenn sie mit ihrem Menschen alleine leben dürfen. Sonst protestieren sie. Der Macho liebt die Freiheit über alles und duldet keinen männlichen Rivalen in seinem Revier. Zu Kätzinnen allerdings kann der Macho sehr charmant sein.

Clown & Genießer

Er ist immer zu Späßen aufgelegt, bringt uns häufig zum Lachen, aber manchmal auch zur Verzweiflung, weil nichts vor ihm sicher ist. Der Genießer ist vor allem mit einer Sache beschäftigt: seinem Genuss. Er schleckt für sein Leben gern, liebt ausgiebige Kraulorgien und hasst jede Form von Stress.

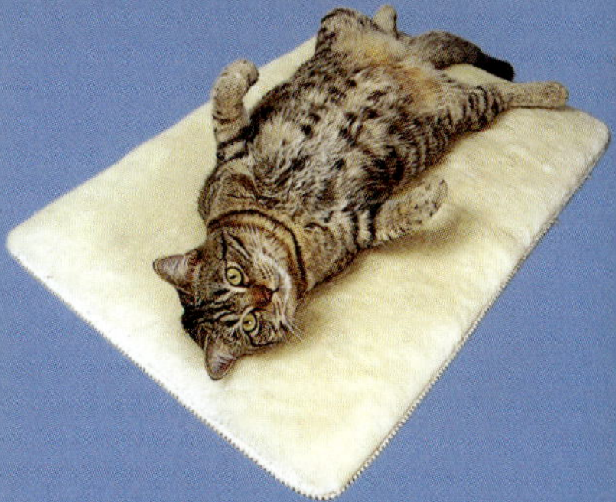

Wonne-proppen

Mäao

Määäaou

Mäao

Mäaou

Erziehung von Anfang an

Katzen haben im Zusammenleben mit dem Menschen einiges zu lernen. Doch schnell stößt man auf den Eigensinn der Samtpfote, an dem schon so mancher verzweifelt ist. Um dies zu vermeiden, sollten Sie etwas über die Lernprinzipien von Katzen wissen.

Wie Katzen lernen

Katzen können das Konzept eines Gesetzes oder einer Regel nicht verstehen. Für sie gibt es kein »Richtig« oder »Falsch«. Ihnen fehlt das abstrakte Denken, das nötig ist, um eine auch noch so einfache Regel auf verschiedene Situationen oder Orte zu übertragen. Stattdessen lernen Katzen aus wiederholten Erfahrungen.

So »denken« Katzen

Hier ein Beispiel für den typischen Gedankengang einer Katze: »Immer wenn ich auf den Tisch springe, kommt Frauchen und scheucht mich runter.« So weit so gut. Das heißt aber noch lange nicht, dass das brave Kätzchen dies nicht immer wieder versucht, wenn die Butter vom Frühstückstisch doch so verlockend duftet. Aus der Vielzahl von Versuchen, die zum Teil getadelt werden, zum Teil aber auch nicht, lernt die Katze:

- Immer wenn Frauchen in der Nähe ist, darf ich nicht auf den Tisch.
- Ist sie nicht im Zimmer, wird die Selbstbedienung mit ein paar leckeren Happen vom Frühstückstisch belohnt.
- Falls ich Frauchens Schritte näher kom-

Kluger Crazy

Frech ist er schon, mein Kater Crazy, aber auch lieb und sehr klug. Wie alle Katzen hasst er verschlossene Türen. Und ich vergesse manchmal, die Türen offen zu lassen. Doch Crazy weiß sich zu helfen: Er springt an die Türklinke, hängt sich mit den Pfoten ein und öffnet die Tür selbst.

men höre, sollte ich möglichst schnell wieder vom Tisch springen.
Diese »Katzenmoral« macht das Zusammenleben manchmal schwierig, hat aber auch ihren Charme. Für Sie bedeutet dies, dass Sie von Anfang an immer und jedes Mal dafür sorgen müssen, dass Ihre Katze nicht die Gelegenheit bekommt, eine Belohnung für ein unerwünschtes Verhalten zu ergattern.

Dem leckeren Schinken kann »Katze« nicht widerstehen.

Ein »Klaps« als Strafe ist tabu

Der berühmte »Klaps«, der noch niemandem geschadet hat, ist bei Katzen nicht angebracht. Zum einen passiert es sehr häufig, dass »Mikesch« die Strafe missversteht und mit einem bestimmten Ort, einem Zimmer oder einer anwesenden Person verbindet. Wachsendes Misstrauen gegenüber der strafenden Person oder Menschen im Allgemeinen, Handscheue oder andere »Beziehungsprobleme« sind die Folge der meisten »handfesten« Erziehungsversuche. Zum anderen ist das richtige Dosieren der Strafe nur sehr schwer abzuschätzen.

Ist sie zu stark, kann sie zu Angst oder Panik und damit zu ernsten Verhaltensstörungen der Katze führen. Bei jeder Form der Strafe muss das Timing stimmen, das heißt, der Klaps dürfte nicht nach der Tat erfolgen. Schon eine Sekunde später, und der Erziehungseffekt ist gleich Null.
Ein Erfahrungsbericht soll helfen, dies besser zu verstehen: Für den jungen Kater »Tigger« standen Erkundungstouren aller Regale und Schränke der Wohnung ganz oben auf der Liste der Lieblingsbeschäftigungen. Doch darin befanden sich sehr

Für junge Katzen ist die ganze Welt voller Wunder, die entdeckt werden wollen.

wertvolle und zerbrechliche Gegenstände. Wann immer er in seiner tollpatschigen, jugendlichen Art wieder einmal etwas zu Boden warf, stürzte die Besitzerin voller Entsetzen in das Zimmer und schimpfte mit ihm. Ein- oder zweimal bekam er dann auch einen Klaps aufs Hinterteil. Das Ergebnis dieser Erziehungsversuche sah folgendermaßen aus: Tigger verband die Strafe nicht mit der Tatsache, dass er selbst diese wertvollen Schätze zu Boden beförderte, sondern nur mit dem Geräusch des zerscheppernden Geschirrs. Tiggers Katzenlogik lautete: »Immer wenn dieses Geräusch ertönt, schimpft Frauchen mit mir!« Er setzte also seine Erkundungsreisen in den Porzellanregalen fort. Jedoch wann immer etwas zu Boden fiel, stürzte er aus Angst vor der Reaktion seines Frauchens aus dem Zimmer. Obwohl er eines Abends schlafend auf der Eckbank lag, zeigte Tigger die gleiche Reaktion, als sein Frauchen selbst einen Teller zu Boden fallen ließ. Schließlich verband er die Reaktion nur mit dem Geräusch, nicht jedoch mit der vorhergehenden Handlung. Dieses Beispiel verdeutlicht die Folgen falscher Erziehungsmethoden.

Schwänzchen hoch. »Kommt da unten Mama mit frischer Milch?«

Erziehungsregeln

- **Motivation** Viele Katzen tun für Futter (fast) alles. Auch kleine Kunststückchen wie zum Beispiel das Apportieren kann man ihnen auf diese Weise beibringen.
- **Konsequenz** Damit die Katze die Regeln im Zusammenleben akzeptiert, müssen diese von Anfang an sehr konsequent eingehalten werden.
- **Hände weg!** Ein Klaps als Strafe ist tabu! So können Katzen handscheu werden und das Vertrauen zum Menschen verlieren.
- **Erschrecken statt Strafen** Statt körperliche Strafe ist es besser, die Katze durch ein Geräusch wie ein plötzliches Händeklatschen oder ein lautes Zischen zu erschrecken.
- **»Kitty« komm!** Katzen lernen auf ihren Namen zu hören und schnell herbeizulaufen, wenn sie zu Beginn immer einen besonderen Leckerbissen dafür bekommen. So verbindet die Katze eine positive Erfahrung mit ihrem Namen und mit dem Abruf.
- **Geduld** Katzen lernen nicht wie Hunde. Sie brauchen Zeit und Geduld, bis sie das Erlernte im Training richtig beherrschen. Zudem tun sie nichts, um uns zu gefallen, sondern nur wenn etwas dabei »herausspringt«.
- **Fellpflege** Vor allem Langhaarkatzen sollte man mit kleinen Übungen, einer ruhigen Stimme und vielen Streicheleinheiten von Anfang an daran gewöhnen, beim Bürsten und Kämmen des Fells stillzuhalten.

Ablenken kann helfen

Tut die Katze etwas Verbotenes, sollte die unangenehme Konsequenz in der gleichen Sekunde erfolgen. Dabei reicht meist ein Schreckreiz aus:

- Ein plötzliches, lautes Geräusch wie zum Beispiel Händeklatschen oder eine Dose mit schepperndem Inhalt, die auf den Boden geworfen wird.
- Ein Zischlaut wie »Schhhhhh«, das dem Fauchen zwischen Katzen ähnelt.
- Ein Wasserstrahl aus einer Sprühflasche oder einer Wasserpistole.

All das sind milde Reize, die als Ablenkung von verbotenem Tun eingesetzt werden können. Wenn Sie es geschickt anstellen, bekommt Ihre Katze gar nicht mit, dass Sie die »Quelle« dieser Schreck- oder Ablenkungsreize sind. Ihre Katze sieht es als eine »Reaktion aus dem Nichts« und verbindet es von daher auch direkt mit der eigenen Tat.

Auch hier muss das Timing stimmen. Nur wenn der Wasserstrahl in der Sekunde erfolgt, in der Kater »Karlo« die Vorhänge mit den Krallen bearbeitet, kann er dies mit der eigenen Tat verbinden und nach mehrfachen feuchtfröhlichen Erfahrungen wird er von den Vorhängen ablassen. Die Wahrscheinlichkeit, dass er das Verhalten auch in Abwesenheit der Besitzer nicht wieder-

holt, ist auf diese Weise sehr viel größer. Für Tigger und seine folgenschweren Erkundungstouren hieße das, man müsste ihn mit einem Geräusch erschrecken, wann immer er wieder zum Sprung auf das Porzellanregal ansetzt. Allerdings müsste er diese Erfahrung jedes Mal und ohne Ausnahme machen.
Einfacher ist es in diesem Fall sicher, die wertvollen zerbrechlichen Teile hinter Glas »zur Schau« zu stellen.

Belohnen ist besser als Strafen

Katzen sind sehr gelehrig und viele lieben sogar das Erlernen von Kunststückchen. Katzen lernen, wie die meisten anderen Tiere, am Erfolg. »Wenn's was bringt«, dann steigt die Wahrscheinlichkeit, dass dieses Verhalten öfters gezeigt wird. In der Lernpsychologie bezeichnet man diese Form des Lernens als »instrumentelle Konditionierung«. Hierbei verbindet die Katze eine aktive Handlung mit der darauf folgenden Belohnung. Es handelt sich also um einen bewussten Lernprozess. Entscheidend ist auch hierbei das Timing der Belohnung. Sie muss im gleichen Moment erfolgen wie die zu belohnende Handlung. Allerdings ist viel Übung nötig, bis das Gelernte richtig »sitzt«. Hierbei ist es sehr effektiv, das gewünschte Verhalten mit Futter oder Leckerbissen zu belohnen.

Tipp

Lernen mit Leckerbissen. Viele Katzen haben Spaß daran, kleine Kunststücke zu erlernen wie zum Beispiel »Sitz« oder das Apportieren von kleinen Gegenständen. Doch sie erwarten für ihre Leistung einen Leckerbissen. Allein Streicheln oder Lob reichen nicht aus, um sie zu motivieren.

Gewohnheit geht über alles

Neben der instrumentellen Konditionierung beruhen viele Verhaltensweisen der Katze auf der so genannten »klassischen Konditionierung«. Hierbei spielt ein bewusster Lernprozess keine Rolle. Auch eine belohnende Erfahrung muss nicht unbedingt vorhanden sein. Bei dieser Form des Lernens werden bestimmte Reize mit einem Reflex des Körpers verbunden.
Katzen lernen Sauberkeit: Vor allem beim Ausscheidungsverhalten der Katze spielt der Gewöhnungsprozess eine große Rolle. Kleine Kätzchen lernen auf diese Weise, dass das Katzenklo der passende Ort zur Erledigung aller »Geschäfte« ist. Zunächst beobachten sie zum Beispiel ihre Mutter

beim Urinabsatz und dem Verscharren der Klumpen im Katzenklo. Schließlich treibt die natürliche Neugierde sie zur Untersuchung des Katzenstreus und instinktiv wissen die kleinen Kätzchen nun, was sie dort zu tun haben.

Dann folgt der Konditionierungsprozess: Durch die Wiederholung dieses Vorgangs wird die Katze auf die Benutzung des Katzenklos und des dort befindlichen Streus konditioniert. Einfach formuliert könnte man auch sagen, die Katze gewöhnt sich so sehr an die Benutzung des Katzenklos, dass sie gar nicht mehr auf die Idee kommen würde, ihr »Geschäft« woanders zu verrichten.

Unglücklicherweise funktioniert das auch umgekehrt. Wird eine Katze zum Beipiel versehentlich einmal in ein Zimmer eingesperrt und benutzt in ihrer Not den Teppich als Toilette, dann kann daraus eventuell ein Problem mit der Stubenreinheit entstehen. Je häufiger die Katze die Möglichkeit bekommt, dieses Verhalten zu wiederholen, desto intensiver ist der Konditionierungsprozess auf das neue »Katzenklo« und um so schwieriger ist es, ihr dies wieder abzugewöhnen (→ Seite 69).

Mit Gefühlen von »Rache« oder »Trotz«, die den Stubentigern sehr häufig von ihren Menschen unterstellt werden, hat das jedoch in diesem Fall nichts zu tun.

Lernen durch Abschauen

Das Lernen durch Abschauen ist ein Phänomen, das man zwischen Kätzchen und ihrer Mutter immer wieder beobachten kann (→ Seite 8). Aber auch bei erwachsenen Katzen funktioniert dieses Lernprinzip gut. So kann die Benutzung der Katzenklappe zum Beispiel durch bloßes Beobachten des Artgenossen erlernt werden. Manche Katzenbesitzer berichten sogar davon, dass ihre Katze sie konzentriert beobachtet, und es scheint, als ob manche Tiere sich auch von uns das eine oder andere abschauen. Möglicherweise begreifen sie so die Zusammenhänge wie die Benutzung der Türklinke zum Öffnen der Tür oder das Drehen am Wasserhahn für ein lustiges Wasserspiel.

Finger hoch wie erhobene Pfote und ein scharfes »Schhhhhh« wie Fauchen ist Erziehung nach Katzenart.

Kleiner Vertrauenskurs

Wie geht man am besten mit einer sehr scheuen Katze um? Wie gewöhnt man sie richtig ein? Hier finden Sie fünf Schritte beschrieben und abgebildet, die Ihnen den Umgang mit solch einem Sensibelchen zeigen. Wie lange es dauert, bis die Katze Ihnen vertraut, bestimmt sie allerdings selbst.

Ich bin unsicher!

Zweiter Schritt

Mit »Speck« fängt man nicht nur Mäuse, sondern gewinnt auch das Vertrauen eines Sensibelchens. Nähern Sie sich dem Tier langsam, gehen Sie in die Hocke und sprechen Sie sanft auf die Katze ein. Stellen Sie das Futter vor das Versteck und verlassen Sie dann den Raum.

Vierter Schritt

Lassen Sie die Katze an Ihrem Handrücken riechen, so dass sie mit Ihrem persönlichen Geruch vertraut wird. Unterstützen Sie diese Annäherung immer mit beruhigender Stimme und vermeiden Sie jegliche hektische Bewegung. Vielleicht nimmt Mimi jetzt auch schon einen Leckerbissen an.

Mir geht's supe

Erster Schritt

Mimi ist eine der vielen Katzen, die keine glückliche Kindheit erleben durften. Im neuen Zuhause zeigt sie sich sehr ängstlich. Zaghaft schaut sie aus ihrem Zufluchtsort. Keinesfalls die Katze aus ihrem Versteck hervorzerren und versuchen, sie gegen ihren Willen in die Arme zu nehmen.

Angsthase

In Bedrängnis

Mit dieser Körpersprache zeigt Mimi deutlich, dass sie in Bedrängnis geraten ist. Sie hat Angst. Die Ohren sind nach hinten gezogen, sie weicht Ihrem Blick aus. Als defensive sanfte Katze geht sie nur dann zum Angriff über, wenn man sie jetzt nicht in Ruhe lässt.

Bitte streicheln!

Dritter Schritt

Lassen Sie die Katze von sich aus auf Sie zukommen. Am besten setzen Sie sich in einen Sessel, lesen ein Buch und beachten das Tier nicht weiter. Wann und ob sich die Katze Ihnen nähert, hängt ganz von Ihrer Geduld ab. Je weniger Aufmerksamkeit Sie ihr schenken, um so mutiger wird Mimi.

Fünfter Schritt

Vertrauenskurs bestanden. Die Geduld hat sich gelohnt. Nun überfordern Sie Mimi aber nicht, denn zu viel Nähe ist sie noch nicht gewöhnt. Ob sie sich eines Tages ohne Widerstand auf den Arm nehmen lässt, entscheidet letztlich Mimi. Dies gilt übrigens für alle Katzen gleichermaßen.

Volles Vertrauen

grrrr
grrrgrr
grrrgrrgrrr
grrgrr

Das Harmonie-Konzept

Die Harmonie zwischen Katze und Mensch kann wunderbar sein. Jedoch muss jeder seinen Teil dazu beitragen. Wir sollten über das Verhalten und die Bedürfnisse einer Katze Bescheid wissen und die Katze muss lernen, »salonfähig« zu werden.

Aus dem Alltag mit Katzen

Die Katze liegt abends gemütlich schnurrend auf unserem Schoß. Sie begrüßt uns freudig, wenn wir nach Hause kommmen. Schmusestunden sind an der Tagesordnung. Das ist ein harmonisches Verhältnis zwischen Mensch und Tier. Doch wie erreicht man dies?

Katzen brauchen ihr eigenes Reich

Katzen sind sehr revierbezogen. Ihr Revier besteht aus verschiedenen Bereichen. Es gibt Futter- beziehungsweise Fressplätze, Schlaf- und Ruheplätze und für die Freigänger muss es natürlich auch ein Jagdrevier geben. Diese Bereiche sind durch bestimmte Pfade miteinander verbunden, auf denen die Katze ihre täglichen Patrouillengänge macht. Darf eine Katze nach draußen, bestimmt sie selbst (natürlich in Abstimmung mit den Nachbarkatzen), wo die Reviergrenzen verlaufen. Und sie wählt Ruhe- und Fressplätze entsprechend ihrer eigenen Vorlieben aus.
Anders verhält sich das mit Wohnungskatzen. Sie müssen mit dem vorlieb nehmen, was ihnen an Platz und Möglichkeiten

Unsichere Sache

Zugegeben, der neue Kratzbaum sah schön aus. Doch als Momo das erste Mal vom Boden aus hinaufsprang, kippte er um. Sichtlich erschrocken und mit einem mächtigen Sprung brachte sich Momo in Sicherheit. Es geht doch nichts über den soliden Korbsessel zum Krallenwetzen ...

angeboten wird. Gefressen wird da, wo Sie die Futterschüssel platzieren und ebenso verhält es sich normalerweise mit der Toilette. Ein Jagdrevier in dem Sinne gibt es nicht. Fliegen oder andere Insekten oder vielleicht einmal eine Maus im Keller gehören zu den einzigen Beutetieren.

Die Patrouillenpfade verlaufen entlang von Wänden, Türen und Mobiliar. Eine Katze findet es aus diesem Grunde auch furchtbar, wenn ihr täglicher Rundgang plötzlich durch eine geschlossene Tür unterbrochen wird. Schließlich kann sie so ihr Revier nicht kontrollieren und gegen potenzielle Rivalen verteidigen – auch wenn es diese vielleicht gar nicht gibt.

Die Größe der Wohnung ist sicher ein entscheidender Wohlfühlfaktor, aber selbst das größte Haus ist nicht ausreichend, wenn die Katze nicht ihren natürlichen Bedürfnissen nachgehen kann. In einer kleinen Wohnung ist es für die Katze wichtig, dass es möglichst wenig Tabuzonen für sie gibt. Bieten Sie Ihrer Katze auch die Möglichkeit, die Höhe der Wohnung zu nutzen – beispielsweise durch Kletterpfade an der Wand mit entsprechend angebrachten Regalbrettern oder fest verankerten dicken Tauen, die von Kratzbaum zu Kratzbaum führen (→ Foto, Seite 52). So wird dem Tier eine dritte Dimension erschlossen und sein Revier erweitert.

Stimulation für Geist und Körper

Für ein erfülltes Katzenleben sind die folgenden Bereiche äußerst wichtig:

- Jagen und Spielen,
- Bewegung und Aktivität wie Springen, Klettern oder Rennen,
- Reviergänge und Erkundungstouren,
- Kontakt zu ihrem Menschen und/oder zu einem Artgenossen.

Katzen mit Freilauf finden für die ersten drei Bereiche mehr als genug Möglichkeiten. Selbst wenn sie nicht jagen, klettern sie auf Bäume oder springen von Mauern. Bei Wohnungskatzen ist die Initiative des Besitzers gefragt:

»Maunz, hier bin ich. Wie wär's mit einem Spielchen zu zweit?«

Spielend lernen Katzenkinder den sozialen Umgang miteinander.

➤ Hohe Kletter- und Kratzbäume mit vielen »Ästen« bieten gute Optionen für das tägliche Katzenaerobic.

➤ Je mehr Zimmer offen stehen, desto interessanter werden die ausgiebigen Erkundungstouren.

➤ Eine durchgestylte Designwohnung empfinden Katzen als Gräuel. Viele Einbauschränke, glatte Türen bis zur Decke und nichts, was herumliegt – da gibt es keine Nischen zwischen Möbeln, keinen gemütlichen Aussichtsplatz auf dem alten Küchenschrank und die Trainingsmöglichkeiten für tägliche Turnübungen sind ebenfalls beschränkt.

Ein himmlisches Plätzchen. »Schön, dass es mein Mensch mir erlaubt.«

➤ Beim Jagen und Spielen ist bei Katzen die Aktivität und Zeit des Besitzers gefragt. Mindestens eine Stunde Lauern, Spurten, Jagen, Springen oder (Trocken-)Fischen ist die Tagesdosis, die für die Zufriedenheit und das Glück Ihres Stubentigers sorgt.

➤ Natürlich dürfen auch die täglichen Schmuseeinheiten nicht zu kurz kommen.

Ein ruhiges Plätzchen

Ein wichtiger Wohlfühlfaktor für Katzen sind Versteckplätze. Katzen lieben es, »über den Dingen zu stehen« oder besser »zu liegen«. Das tollste Katzenhaus wird mit Missachtung gestraft, wenn es nicht mindestens einen Meter über dem Boden platziert ist.

Katzenhaus mit Vorhang. Dahinter kann man sich zurückziehen und so richtig entspannen. Außerdem mögen Katzen es warm und durch den Vorhang hält sich die Wärme in der Kuschelhöhle.

Karton. Es muss nicht immer die teure Luxus-Katzenhaus-Ausführung sein. Ausreichend ist auch ein Karton mit einem hineingeschnittenen Einstieg, einem Stück aus der Altkleidersammlung als Vorhang und einem weichen Kissen als Schlafplatz, fertig ist das Katzenhaus!

Hängematte. Katzen-Hängematten oder so genannte »Liegemulden«, die vor dem Heizkörper angebracht werden, sind sehr beliebt. Hier ist es warm und die Katze hat einen guten Überblick im Zimmer.

Fensterbank. Auch das weiche Kissen auf der Fensterbank gehört zu den Top-Ten der Lieblingsplätze vieler Katzen. Hier zu liegen ist wie »Katzen-Fernsehen«, denn draußen gibt es immer was zu schauen. Besonders Wohnungskatzen machen hier ihren täglichen »Spaziergang« im Garten oder auf der Straße, ohne durch den Straßenverkehr gefährdet zu werden.

Hinweis: Vor allem in den ersten Wochen nach dem Ein- oder einem Umzug brauchen Katzen diese Rückzugsmöglichkeiten. Im entspannten Schlaf erholen sie sich von der Anstrengung, mit den vielen neuen Informationen der Umwelt klarzukommen.

Halb versteckt beobachtet Isabella mich.

Tabuplätze: Tisch und Bett

So gern man die schnurrenden Schmeichler um sich hat: In vielen Haushalten gibt es Plätze, wo Samtpfoten nichts zu suchen haben. Vielleicht gilt bei Ihnen der Tisch als Tabuzone oder Ihnen sind Katzenhaare im Bett ein Gräuel. Auch beim Kochen sind die Schnurrhaare einer neugierigen Mieze meist im Weg. Und erst richtig ärgerlich kann es werden, wenn die Katze sich dann auch noch selbst bedient und Leckerbissen vom Tisch klaut. Diese Tabus sollten kleinen Katzen von Anfang an beigebracht werden, um Erziehungs-Problemchen erst gar nicht zu schlechten Angewohnheiten werden zu lassen.

1

Keine Belohnung. Unerwünschtes Verhalten nicht belohnen! Füttern Sie Ihre Katze nie vom Tisch oder während des Kochens. Besser ist es, das Kätzchen vom ersten Tag an daran zu gewöhnen, dass es einen festen Futterplatz gibt.

Konsequent sein. Will Ihre Naschkatze partout nicht vom Tisch weichen? Hier hilft nur eines: den Tisch nach dem Essen sofort abräumen und die Milch nach Gebrauch in den Kühlschrank zurück stellen.

Abschrecken. Bei besonders hartnäckigen Kätzchen, die das Betteln oder Stehlen nicht sein lassen, kann eine Wasserpistole oder Wassersprühflasche eine Hilfe sein. Sie sollte immer griffbereit auf dem Tisch

1 Isabella reibt ihr Köpfchen an der Decke.

2 Verspielt riecht sie daran und beobachtet mich weiter.

3 Jetzt springt sie auf das angebotene Bällchen zu.

4 Beute gefangen, aber bremsen ging nicht mehr.

stehen, um die Mieze mit einem kurzen Wasserspritzer vom Sprung auf den gedeckten Tisch abzuhalten.

Wenn Sie nicht zu Hause sind. Aber was tun, wenn man nicht zu Hause ist und das Kätzchen die Gelegenheit nutzt, um auf den Tisch oder ins Bett zu springen? Auch hierfür gibt es Lösungsvorschläge.

➤ Katzen können Klebriges an ihren Pfoten ganz und gar nicht ausstehen. Legt man doppelseitiges Klebeband auf den Tabuzonen aus, machen die Samtpfoten zum Beispiel schnell Bekanntschaft mit dem unangenehmen Gefühl am Tisch zu kleben. In Zukunft wird die Katze diesen Platz von selbst meiden. Mindestens zwei Monate sollte man diese Vorkehrungen vor dem Verlassen der Wohnung treffen.

➤ Um die Katze daran zu hindern, sich auf dem Bett gemütlich niederzulassen, ist das Abdecken der kuscheligen Bettdecke mit Plastikfolien oder Zeitungspapier eine gute Abschreckung. Man könnte natürlich auch

Tipp

High-Tech-Spiel. Ein Fun-Light ist ein tolles Spielzeug für Katzen! Lassen Sie den Lichtstrahl durch das Zimmer »tanzen«. Die Samtpfoten lieben es, das Licht durch das Zimmer und den Kratzbaum hinauf und hinunter zu jagen. Vermeiden Sie jedoch, dem Tier direkt in die Augen zu leuchten. Das Fun-Light können Sie im Zoofachhandel kaufen.

einfach die Schlafzimmertür schließen. Ohne geschlossene Tür ist es jedoch mehr als schwierig, einer Katze das Bett als Schlafplatz zu verbieten. Vielleicht ist eine dekorative Tagesdecke auf dem Bett die einfachste Lösung.

Betteln

Können Sie Ihrer Katze widerstehen, wenn sie Ihnen charmant um die Beine streicht, mit großen Augen auf die Erwiderung Ihres Blickes wartet und Ihnen im entscheidenden Moment dann ein klägliches Miau entgegenschleudert? Alles klar! Mieze hat Hunger oder wartet auf den Snack zwischendurch!
Wer auf diese Aufforderung mit dem Öffnen der Katzenkeksdose reagiert, belohnt dieses Bettelverhalten. Die negativen Folgen können noch deutlicher werden, wenn man das Betteln am Tisch ab und zu mit einem Happen vom Teller belohnt. Besonders bei Wohnungskatzen liegt hier oft ein grundlegendes Missverständnis vor. Nicht immer bettelt die Katze um Futter. Sehr häufig ist der Stubentiger gelangweilt oder unterfordert und möchte einfach nur Auf-

Immer mal wieder etwas Neues zum Spielen hilft gegen Langeweile.

Katzen richtig beschäftigen

➤ **Freie Beute**	Ein Tischtennisball, Fellmäuschen und Papierkügelchen haben die ideale Größe als Beutetier. Allerdings müssen sie schon vom Besitzer geworfen werden, sonst liegen sie schnell in der Ecke und werden mit Missachtung gestraft.
➤ **Beute an der Schnur**	Die typische Beutetier-Bewegung gelingt am besten mit einem Spielzeug an der Schnur. Nicht zu schnell, aber auch nicht zu langsam und in kleinen ruckhaften Bewegungen können Bällchen oder auch kleine Fellmäuschen zu fast lebendigen Beutetieren mutieren.
➤ **Futter verstecken**	Futter nicht immer nur in die Schüssel füllen, sondern auch mal unter Möbeln, Kissen oder im Kratzbaum verstecken. So muss die Katze nach den Leckerbissen suchen.
➤ **Karton-burgen**	Ein tolles Abenteuer. Kartons, die ineinander geschachtelt aufgestellt werden, bieten super Versteckmöglichkeiten. Noch besser, wenn hier Papierfetzen oder Futter versteckt werden.
➤ **Abenteuer-spielplatz**	Schiffstaue, Kratzbäume, Sisalpfosten und Äste oder Baumstämme... all das ist prima Baustoff für ein großes Fitnesscenter für die Katze.
➤ **Katzen-fernsehen**	Ein Meisenknödel oder ein Vogelhäuschen vor dem Fenster lockt Vögel an und bietet ein tolles Spektakel, das die Katze hinter der sicheren Fensterscheibe schon für einige Zeit beschäftigen kann.

merksamkeit oder sucht Sozialkontakt. Da viele Besitzer diese Kontaktsuche jedoch nur mit der Gabe eines Leckerbissens beantworten, lernt die Katze sehr schnell, dass die Bedürfnisse nach Spiel und Bewegung vom Besitzer nicht erfüllt werden. Ist ihr also langweilig und sie sucht nach einer Beschäftigung, ist das Betteln um Futter besser als gar nichts. Und mit der Zeit vergisst Mieze vielleicht sogar, dass Spielen auch Spaß machen kann.

Betteln abgewöhnen: Hat eine Katze das Betteln schon erlernt, kann es einige Zeit und Geduld kosten, ihr dieses Verhalten wieder abzugewöhnen. Am besten ist es, das Schmeicheln und Miauen zu ignorieren. Es ist normal, dass die Katze das so lange erfolgreiche Springen auf den Schoß oder das klägliche, lang gezogene Miauen nicht sofort bleiben lässt. Im Gegenteil: Erst einmal zeigen die Tiere das Bettelverhalten stärker, bis sie merken, dass sie damit keinen Erfolg mehr haben und das Betteln schließlich unterlassen.

Markieren im Haus

Das Markieren gehört zum normalen territorialen Verhalten der Katze (→ Seite 11). Sie will damit ihr Revier gegen andere Katzen abgrenzen. In stressigen Zeiten versucht sich die Katze durch das Verteilen der körpereigenen Geruchsstoffe eine für sie bessere Atmosphäre zu schaffen. Das gibt ihr Sicherheit und beruhigt sie.

Markieren durch Reiben des Kopfes

Es gibt nun unterschiedliche Möglichkeiten, im Haus oder der Wohnung zu markieren. Zum einen reiben Katzen ihren Kopf an Ecken und Möbeln und verteilen damit die Geruchsstoffe an bestimmten Plätzen. Dieses Verhalten ist für die Besitzer meist nicht störend. Täglich werden diese Markierungen von den Katzen aufgefrischt. Normalerweise ändern Katzen die Art des Markierens nicht. Dort, wo einmal mit dem Reiben des Kopfes markiert wurde, markiert die Katze nur unter bestimmten Umständen, zum Beispiel bei Stress, auch in einer anderen Weise, wie zum Beispiel mit Kratzen oder Urinspritzen.

Tipp

Kratzen. Keinesfalls sollte der Kratzbaum aus demselben oder ähnlichem Material wie etwa der Teppichboden oder das Sofa bestehen. Einmal auf einen entsprechenden Untergrund »geprägt«, ist es für die Katze schwer zu unterscheiden, ob dies nun der verbotene Teppich im Wohnzimmer oder die erlaubte Kratzecke im Flur ist.

Markieren durch Kratzen

Eine andere Form des Markierens ist das Kratzen an bestimmten Stellen. Draußen bieten Baumstämme, Zaunpfosten oder auch eine hölzerne Bank die entsprechenden Möglichkeiten. Innerhalb der Wohnung suchen sich Katzen ebenfalls geeignete Stellen, an denen sie diese Form des Markierens ausführen können. Die Abgrenzung des Territoriums findet vor allem an Tür- und Fensterrahmen, unter Umständen auch an Polstermöbeln oder Tapeten statt.
Es kann aber auch sein, dass die Katze einfach nur die alten Klauenreste durch das Kratzen abstreifen will. Für diesen Prozess bevorzugen die meisten Katzen einen ganz bestimmten Untergrund oder Stoff. Auch hier liegt ein Konditionierungsvorgang zugrunde, denn die Vorliebe für die Kratzstelle wird durch Wiederholung des Prozesses vertieft.
Kratzbaum anbieten. Ob Markieren oder Krallenschärfen – Sie können und sollten Ihrer Katze dieses Verhalten nicht abgewöhnen. Sorgen Sie einfach dafür, dass »Tom« oder »Kitty« andere Möglichkeiten bekommen, dieses natürliche Verhalten

Viel Geschick erfordert es, den Leckerbissen aus der Seerose »herauszufischen«.

auszuführen. Kratzbäume, Kratzmatten, die an bestimmten Zimmerecken angebracht werden, sind ein idealer Ersatz für den Korbstuhl oder den Schrank. Je größer und verzweigter der Kratzbaum, desto besser, dann bietet man das Fitness-Center gleich inklusive.

Katzen mögen es übrigens gar nicht, wenn der Kratzbaum wackelt, solche unsicheren Kratzmöglichkeiten werden von den anspruchsvollen Tieren schlicht verschmäht. Mindestens eine Kratzmöglichkeit pro Katze sollte zur Verfügung stehen.

Ablenken. Lässt allerdings Mieze trotz aller angebotenen Alternativen ihre Krallen dennoch nicht vom Sofa, kann die berüchtigte Wasserspritzpistole Abhilfe schaffen. In der Sekunde, in der sie ihre Krallen in das Polster bohren möchte, sollte ein schneller Spritzer genügen, um sie davon abzuhalten. Der Schütze sollte dabei allerdings möglichst unerkannt bleiben, so dass die Katze denkt, das Sofa selbst wehre sich auf diese feuchtfröhliche Weise. Je anonymer die Bestrafung ist, desto zuverlässiger unterlässt die Katze das Verhalten auch, wenn sie allein zu Hause ist. Auch ein Überwurf aus Plastikfolie kann den Kratzspaß deutlich vermiesen.

Synthetische Geruchsstoffe. Eine weitere sehr effektive Möglichkeit besteht im Versprühen von synthetischen Pheromonen, die vom Tierarzt verschrieben werden können. Diese künstlichen Geruchsstoffe entsprechen denen, die zum Beispiel beim Kopfreiben der Katze ans Sofa gebracht werden. Sie imitieren damit eine akzeptablere Art des Markierens, welche die Katze dann in gleicher Weise wieder auffrischen wird. Das heißt: Statt zerstörerisches Krallenzupfen bekommt das Sofa lediglich das Kopfreiben von »Kitty« zu spüren.

Alle empfohlenen Maßnahmen wirken allerdings nicht über Nacht. Mindestens sechs bis acht Wochen braucht es schon, bis die Katze das unerwünschte Markierverhalten nicht mehr zeigt. Und natürlich hängt alles wie immer von der konsequenten Sorge um die Einhaltung der Erziehungsregeln ab.

Markieren durch Urin

Die dritte Art, das Territorium zu markieren, ist das Absetzen von Urin. Ziel ist das Abgrenzen des Reviers gegen andere Katzen oder aber das Anlocken von Sexualpartnern bei rolligen Katzen. Es hat nichts mit mangelnder Stubenreinheit zu tun. Eigentlich verlangen wir sehr viel von unseren schnurrenden Mitbewohnern, wenn wir erwarten, dass sie dieses natürliche Verhalten nicht ausführen. Das ist jedoch der Preis der Domestikation, den Katzen und auch andere Tiere über viele Jahrhunderte zu akzeptieren gelernt haben. Im Austausch gegen Futter und Schutz mussten die Tiere Verhaltensweisen aufgeben, die dem Zusammenleben mit dem Menschen nicht entsprechen. Wird trotzdem im Haus markiert, ist das auf Dauer für die menschliche Nase nicht akzeptabel.
Im Kernzentrum des Territoriums markieren Katzen normalerweise nicht. Dies gilt vor allem für Katzen, die nach draußen dürfen und nicht das Haus als Mittelpunkt ihres Reviers sehen.
Bei sehr dominanten Katern und Katzen, aber auch bei Katzen in der Rolligkeit kann es jedoch auch bei Freigängern zu diesem unerwünschten Absatz von Urin kommen. Hier hilft in erster Linie die Kastration von Kater oder Katze, das heißt, die Entnahme der Hoden beziehungsweise der Eierstöcke. Wenn Sie keine Kätzchen züchten möchten, sollten Sie Ihre Katze vom Tierarzt kastrieren lassen.
Das Markieren kann auch einem erhöhten Sicherheitsbedürfnis der Katze entspringen. Meist ist Stress der auslösende Faktor für diese Verhaltensstörung. Die Katze fühlt sich unter Druck gesetzt und versucht sich durch das Umgeben mit dem eigenen Geruch ein Gefühl der Sicherheit und der Geborgenheit zu geben. Die Lösung für dieses Problem ist wesentlich komplexer (→ Seite 71).

Tipp

Giftige Pflanzen. Vorsicht bei giftigen Zimmerpflanzen. Dazu gehören zum Beispiel der Philodendron, Efeu oder Dieffenbachie. Wer eine Katze besitzt, die sich mit Vorliebe an jeder Zimmerpflanze bedient, sollte sich besser von diesen Pflanzen trennen **(→ Wenn Katzen Pflanzen fressen, Seite 49).**

Die Katze lässt das Mausen nicht

Katzen fangen Mäuse, wenn sie Zugang zu Garten und Feld haben, das weiß jedes Kind. »Alles nicht so schlimm, denn schließlich ist das ja die Natur«, möchte man sagen. Nur schlecht, wenn einem »die Natur« in Form von Mäusen oder gar Ratten dann ins Haus gebracht wird. Oder noch schlechter, wenn diese auch noch munter und lebendig von der Katze angeschleppt und im Haus verteilt werden. Dabei macht die Katze uns doch lediglich ein Kompliment, wenn sie uns die flauschigen grauen »Geschenke« mit nach Hause bringt. Durch diese Geste zeigt die Katze, dass sie das Haus als sicheren Platz zum Verzehr der Beute sieht und sich dort geborgen und nicht bedroht fühlt. Ob Sie dieses Kompliment allerdings wirklich schätzen, bleibt Ihnen überlassen. Wer sich mit toten oder lebenden Nagern im Haus nicht abfinden möchte, dem bleibt nur, der Katze klar zu machen, dass sie zusammen mit der Beute eben nicht sicher ist. Abschreckende Technik, ihr diese Botschaften zu vermitteln, ist die Begrüßung von Katze samt Beute mit der Wasserspritzpistole oder einem lauten Zischgeräusch, sobald sie die erste Pfote über die Schwelle setzt. Kommt sie ohne Maus ins Haus, wird sie dagegen gelobt oder mit einem Leckerchen belohnt. Schließlich möchte ja niemand die Katze aus dem Haus vertreiben. Auf diese Weise wollen Sie ihr nur verständlich machen, dass Sie ihre pelzigen »Mitbringsel« nicht sonderlich schätzen.

Wenn Katzen Pflanzen fressen

Gras oder andere Grünpflanzen stehen regelmäßig auf dem Speiseplan der Katze. Sie brauchen dies zur Verdauung und auch um zu verhindern, dass sich gesundheitsschädliche Haarballen im Verdauungssystem bilden. Die pflanzlichen Bestandteile im Magen lösen das durchaus heilsame Erbrechen aus, mit dem zum Beispiel nicht nur die Grashalme, sondern auch die Haare, die während der ausgiebigen Putzstunde geschluckt wurden, wieder ausgewürgt werden. Allerdings scheiden viele Katzen das Gras auch über den Kot aus.
Um zu verhindern, dass sich die Katze an den geliebten Zimmerpflanzen bedient,

Alle Katzen sind neugierig. Sie wollen auch Verbotenes entdecken.

sollte man ihr das im Zoofachhandel erhältliche Katzengras anbieten. Es gibt allerdings Pflanzen, wie zum Beispiel das Zyperngras oder den Papyrus, die offensichtlich eine sehr große Versuchung für die Katze darstellen. Trotz Katzengras ist es der Katze nur schwerlich zu erklären, dass diese Gräser der Dekoration und nicht der Ernährung dienen (→ Tipp, Seite 48). Katzen, die sich langweilen, suchen sich oft selbst eine interessante Beschäftigung. Dazu kann auch das spielerische Zerpflücken von Pflanzen gehören. Ist doch toll, wenn man mit den Blätter vom Ficus »Frau Holle« spielen kann. Hat das Bereitstellen von Katzengras nicht geholfen, das Faible für die anderen Zimmerpflanzen zu bremsen, sollten Sie auch diesen Aspekt bedenken und für ausreichend Beschäftigung Ihres Lieblings sorgen.

Blumentöpfe sind kein Katzenklo

Blumentöpfe werden von manchen Katzen gern als Toilette missbraucht. Schließlich ist es für die Tiere das Natürlichste der Welt, ihr »Geschäft« in echter Erde zu erledigen. Während Sie das im Garten sicher nicht weiter stört, ist Ihnen das Absetzen von Kot und Urin in Blumentöpfen in der Wohnung oder auf der Terrasse sicher nicht angenehm. Außerdem schadet der Missbrauch auf Dauer den Pflanzen. Damit diese Vorliebe der Katze erst gar nicht zur Gewohnheit wird, finden Sie nachfolgend einige Tricks.

Mal schnuppern, ob der neue Hausgenosse zu uns passt.

Blumenerde abdecken. Die Blumenerde kann mit großen Flusskieseln oder mit Plastikfolie abgedeckt werden. So macht das Scharren in der Erde dem Kätzchen überhaupt keinen Spaß mehr.

Mausefallen aufstellen. Eine weitere Möglichkeit ist das Aufstellen von Mausefallen. Aber Vorsicht! Die Mausefallen müssen mit dem Drahtgestell nach unten auf die Blumenerde gelegt werden. Sie schnappen zwar zu, wenn die Katze auf die nach oben gewendete Rückseite tritt, aber statt die Katze zu verletzen, springen sie mit einem lauten Knall einfach nur in die Höhe. Dabei kriegt Miezi einen Schreck und verlässt mit einem schnellen Sprung den Ort des Geschehens. Macht die Katze wiederholt diese negative Erfahrung, meidet sie besagte Plätze dauerhaft und zuverlässig.

Pfeffer verteilen. Auch das Verteilen von rotem oder schwarzem Pfeffer auf der Oberfläche der Erde ist eine wirkungsvolle Hilfe. Katzen schnuppern an der Erde, bevor sie Kot oder Urin absetzen. Der Geruch von Pfeffer schreckt sie ab. Und so lernen sie sehr schnell, dass Pflanzenerde sich nicht als Katzenklo eignet.

Die katzen-gerechte Wohnung

Alles da, was für Katzen wichtig ist: Kletter- und Kratzbaum, Kuschelhöhle, Abenteuerspielplatz, Katzentoilette, Spielzeug und Katzengras für die Verdauung. Ein Beobachtungsplätzchen auf der Fensterbank und auf dem Schrank macht die Wohnung für die Stubentiger perfekt.

Dampfwalze

Sport & Spiel

Elegant balanciert Sternchen über das geflochtene Seil zwischen zwei Kratzbäumen. Der gemütliche Dickie schaut lieber zu. An dieser Lokomotive darf überall gekratzt werden. Katzen können sich herrlich darin verstecken und ausgiebig »Wer fängt wen« spielen.

Federball

Geborgenheit

Viele Katzen bevorzugen einen Rückzugsplatz, der von mehreren Seiten geschützt ist. Da ist diese Plüschhöhle genau das Richtige. Am besten steht sie etwas erhöht, damit Samtpfote jederzeit den genauen Überblick hat. Bei einem Nickerchen wollen Katzen übrigens nicht gestört werden.

Raschelkiste

Abwechslung tut gut. So ein Karton, gefüllt mit Papierservietten, ist nicht teuer und für Katzen der reinste Abenteuerspielplatz: Werfen Sie ein Leckerli hinein und lassen Sie den Stubentiger hinterher springen und danach suchen. Auch das Rascheln mit dem Papier gefällt Katzen.

Katzentoilette

Ob Toilette mit Haube oder ohne – lassen Sie Ihre Katze entscheiden, wie's ihr lieber ist. Wichtig vor allem: immer saubere Einstreu, ruhiger Standort und für jede Katze ein eigenes »stilles Örtchen«. In mehrstöckigen Wohnungen, sollte pro Etage eine Toilette zur Verfügung stehen.

Kratzbaum

Kratzbaum & Körbchen

Eine hohe Sisalröhre und ein schräg davor befestigtes sisalbespanntes Brett ermöglichen der Katze, sich beim Kratzen wohlig hochzustrecken. Obenauf befindet sich die Schlafmulde. Solch ein Körbchen mit Kuschelkissen stellt man am besten auf die Fensterbank oder auf die Kommode.

Katzengras & Trommel

Katzengras ist vor allem für reine Wohnungskatzen wichtig. Es hilft, die verschluckten Haare wieder hervorzuwürgen, bevor sie im Magen-Darm-Trakt zum Problem werden. Die Sisal-Trommel ist Spiel- und Kratzmöbel zugleich. Katzen können sich dort verstecken und auch darin schlafen.

Kratztrommel

chrrrr
chchrr
ChChrrr
Chrrrrr
chrr

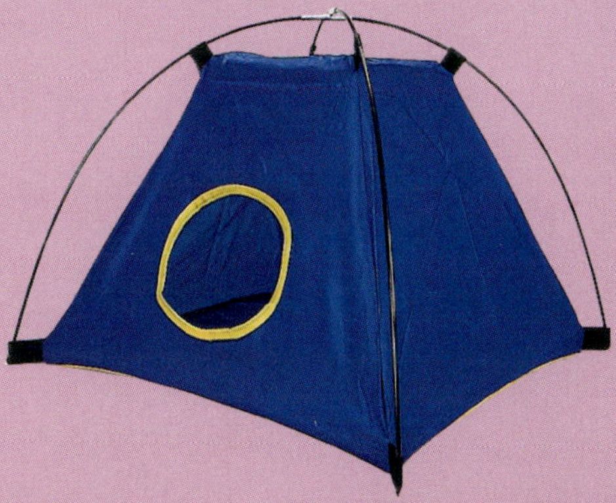

Wenn sich die Lebensumstände verändern

Katzen finden Veränderungen überhaupt nicht prickelnd. Ein guter Katzentag ist ein Tag, an dem alles so bleibt wie gestern, vorgestern und all die anderen Tage zuvor. Doch leider lassen sich manche Dinge nicht vermeiden. Wie verkraftet das Ihre Samtpfote am besten?

Katzen mögen's immer gleich

Katzen sind Gewohnheitstiere. Nur die wenigsten Katzen schätzen zum Beispiel fremde Besucher über mehrere Tage. Richtig »doof« finden es die meisten schnurrenden Hausgenossen, wenn gar die Einrichtung in der Wohnung verändert wird. Doch die Welt dreht sich nicht allein um die Katz'! Schon die Anschaffung einer Katze ist in der Regel mit einem Umzug des Tieres verbunden. In einem durchschnittlich fünfzehn Jahre dauernden Katzenleben kann es dann auch hin und wieder einen weiteren Umzug geben und ganz sicher gibt es innerhalb dieser Zeit Besuch und neue Möbel. Das bedeutet Stress für unsere schnurrenden Hausgenossen.

Umzug ins neue Zuhause

Der Transport vom Züchter oder Tierheim ins neue Zuhause ist auch für das Kätzchen oder die Katze eine sehr stressige Angelegenheit. Katzen reisen in der Regel nicht gern und auf ihrer »Out«-Liste steht ein Wohnungswechsel ganz weit oben. Wird die Katze überfordert, kann der Ortswechsel bereits Verhaltensstörungen auslösen,

Freundschaft

Beleidigt kehrte mir Mimi ihr Hinterteil zu. Wie konnte ich es nur wagen, einen Fremden mit nach Hause zu bringen? Aber dann zog Gerd ein Säckchen mit Katzenminze aus der Hosentasche. Mimis Interesse war geweckt. Kleine Geschenke sorgen eben auch bei Katzen für Freundschaft.

die das Zusammenleben erschweren. Miezes Umzugsstress lässt sich zwar nicht total vermeiden, aber es gibt Möglichkeiten, ihn deutlich zu reduzieren.

Schonender Transport. Transportieren Sie die Katze in einer Transportbox aus Kunststoff (→ Foto, Seite 65). Für Katzen, die sich gegen die »Verladung« wehren, empfiehlt es sich, sie auf den Arm zu nehmen und ihnen auf dem Weg zur Box zärtlich die Augen zuzuhalten, um sie dann schnell und ohne Kampf hineinsetzen zu können.

Synthetische Geruchsstoffe. Wie schon erwähnt, spielt die Geruchswelt eine entscheidende Rolle beim Wohlempfinden der Stubentiger (→ Seite 11). Ein Pheromonspray vom Tierarzt kann vor der Reise in die Transportbox gesprüht werden. Durch diese Geruchsstoffe entspannt die Katze während des Umzugs leichter und übersteht die Strapazen der Reise schneller. Versprühen Sie auch vor der Ankunft Pheromonspray an mehreren Stellen in Ihrer Wohnung. Bei der Eingewöhnung in das neue Zuhause reduzieren diese beruhigenden Gerüche den Stress des Stubentigers.

Begrenzte Eindrücke. Viele Besitzer meinen es gut und möchten der Katze gern sofort das neue Heim in seiner gesamten Größe präsentieren. Damit tut man den Tieren allerdings keinen Gefallen. Im Gegenteil: Katzen können auf zu viele neue Eindrücke sogar mit Angst oder Panik reagieren. Um den Tieren ein Schockerlebnis zu ersparen, sollte man ihnen zunächst nur ein Zimmer zur Verfügung stellen, in dem sie gefüttert werden und in dem sie auch eine Katzentoilette vorfinden. Dieses Zimmer sollte der Samtpfote eine angenehme Atmosphäre bieten, das heißt über ausreichend Versteck- und Liegeplätze verfügen. Sorgen Sie dafür, dass die Katze viel Ruhe hat. Laute Musik, »verkehrsreiche« Durchgangszimmer oder auch tobende Kinder könnten die Eingewöhnung verzögern oder gar unmöglich machen. Tag für Tag sollte der Katze mehr Freilauf im neuen Heim erlaubt werden, bis sie alle Zimmer kennt und sich sicher und zu Hause fühlt.

Zu zweit fällt die Eingewöhnung ins neue Zuhause leichter.

Die erste Nacht

Die erste Nacht sollten Sie Ihrem Kätzchen so angenehm wie möglich machen. Ablenkung durch Spielzeug, Streicheln und die körperliche Nähe sind dabei eine große Hilfe. Natürlich bestimmt die Katze selbst, was sie mag und was nicht. Ältere Katzen scheuen eventuell zunächst zu große Nähe. Für kleine Kätzchen, die an den Menschen gewöhnt sind, kann sie allerdings sehr entspannend sein. Mit reinem Gewissen darf man diese kleinen Schmusekater auch mit ins eigene Bett nehmen. Da schläft sich's am allerbesten und das Kuscheln stärkt die Bindung zwischen Mensch und Tier. Allerdings müssen Sie sich dann darüber klar sein, dass Ihr Liebling dieses Recht auch in Zukunft für sich beansprucht. Das Mitnehmen einer Decke aus dem Wurflager des Züchters ist ebenfalls hilfreich. Sie riecht vertraut nach Mutter und Geschwistern und lindert den heftigen Trennungsschmerz.

Tipp

Trennungsschmerz. Trennung von Mutter und Geschwistern bedeutet für kleine Katzen Stress total. Entscheiden Sie sich dagegen gleich für ein Geschwisterpaar, kommt ein Trennungsschmerz gar nicht auf. Die beiden kuscheln miteinander und entdecken gemeinsam die neue Welt bei Ihnen.

Das neue Heim

Für den neuen Familienzugang sollte man sich Zeit nehmen. Während eine erwachsene Katze bereits nach einem verlängerten Wochenende allein zu Hause bleiben kann, muss man für eine junges Kätzchen schon ein bis zwei Wochen Urlaub einplanen. Die Kleinen haben noch viel zu lernen und brauchen »kiloweise« Zuneigung und Schmuseeinheiten, um nicht zu vereinsamen. Außerdem muss man ständig ein wachsames Auge auf die kleinen Racker werfen, die in ihrer Neugierde alles untersuchen und in jede Nische hineinkriechen, auch wenn sie dann Gefahr laufen, nicht mehr herauszukommen. Bei großen Abenteurern ist ein großer Aufzuchtkäfig eventuell eine Lösung, um sie in der Abwesenheit der Besitzer vor der eigenen Neugierde zu schützen. Die Käfige haben mindestens zwei Quadratmeter Grundfläche und sind etwa 1 bis 2 Meter hoch, so dass Katzentoilette, Futterplatz und Kletteräste sowie Liegeplätze darin untergebracht werden können. Auch bei hartnäckigen Fällen in punkto Stubenreinheit können diese Käfige eine große Hilfestellung für die jungen Kätzchen bieten. Schnell lernen sie hier, dass das Katzenklo das geeignete Örtchen für die Verrichtung großer und kleiner Geschäfte ist.

Eine zweite Katze

Viele Katzen profitieren von der Gesellschaft einer zweiten Katze. Sie haben einen Spielgefährten und das Risiko der Vereinsamung bei berufstätigen Besitzern ist deutlich reduziert. Wie wir aber wissen, sind Katzen sehr territorial und in den seltensten Fällen wird der Spielgefährte bei der ersten Gegenüberstellung mit offenen Armen und ohne Krallen empfangen.
Es bedarf also einer sorgfältig vorbereiteten Zusammenführung der beiden Tiere. Ersparen kann man sich diese zeitaufwendigen Übungen, indem man von Anfang an ein Geschwisterpärchen zu sich nimmt, das vorher noch nicht getrennt wurde. Möchte man einer schon vorhandenen Katze einen Spielgefährten geben, ist ein junges Kätzchen der geeignete Partner. Die kleinen Tiger sind in diesem Alter noch gar nicht territorial und fügen sich so problemlos in die Grenzen, die die ältere Katze ihnen setzt. Vorsicht jedoch bei einer alten Katze, sie kann durch einen jungen Springinsfeld an den Rand eines »Nervenzusammenbruchs« gebracht werden. Ob jung oder schon etwas älter – es gibt nützliche Regeln, die man befolgen sollte, um der Katzenfreundschaft den Weg zu ebnen:

Beide Tiere kastrieren lassen. Beide Tiere sollten zum geeigneten Zeitpunkt kastriert werden, da nicht kastrierte Kater wie auch Katzen der Konkurrenz gegenüber weit weniger tolerant sind.

Zunächst getrennt halten. Halten Sie die beiden Tiere zunächst in getrennten Zimmern. Tauschen Sie immer wieder die Zimmer, damit die Katzen sich gegenseitig schon einmal gerochen haben.

An den Geruch gewöhnen. Jede Katze hat ihr eigenes Katzenklo. Die Klos kann man vertauschen, damit sich jeder an die Witterung des anderen gewöhnen kann. Auch das Abreiben jeder Katze mit einem Tuch,

Vor allem berufstätige Menschen sollten Wohnungskatzen nur zu zweit halten.

vor allem im Bereich der Duftstoff produzierenden Drüsen, zum Beispiel am Maul, den Wangen und den Flanken, ist sehr gut geeignet, um der jeweils anderen eine duftende Kostprobe des Artgenossen darzubieten. Erst wenn jede der Katzen den Geruch der anderen ohne starke emotionale Erregung ertragen kann, sollten Sie die beiden Miezen zusammenführen.

Synthetischer Geruchsstoff. Kennen und mögen sich Katzen, so vermischen sie ihre Duftstoffe zu einem Gruppengeruch, indem sie zum Beispiel ihre Köpfe zur Begrüßung aneinander reiben. Den gleichen, stressreduzierenden Effekt erreichen Sie durch das Einsprühen der Katzen mit einem weiteren, für diesen Zweck ebenfalls synthetisch hergestellten Pheromonspray (beim Tierarzt erhältlich). Damit imitiert man einen Gruppengeruch und die Tiere sind aufgeschlossener und entspannter, wenn sie einander begegnen.

Wer kann mir widerstehen? Doch noch bin ich viel zu jung und mag bei Mama bleiben.

Begegnung unter Aufsicht. Die erste Begegnung sollte immer unter Ihrer Aufsicht stattfinden. Entweder setzen Sie eine Katze – am besten die mutigere von beiden – in einen gut einsehbaren Käfig oder Sie führen beide Katzen an der Leine. Sowohl an den Käfig als auch an das Halsband beziehungsweise Brustgeschirr sollten die Katzen allerdings zuvor mit ausreichend Zeit und Feingefühl gewöhnt werden. Ansonsten kann der zusätzliche Stress durch diese Maßnahmen die Situation für die Mieze verschlimmern. Übrigens ist es ratsam, beiden Tieren vor ihrer ersten Begegnung die Krallen zu schneiden (unbedingt vom Tierarzt zeigen lassen!).

1

Gemeinsam füttern. Jetzt können Sie die Katzen gemeinsam in einem Zimmer füttern und die Näpfe bei jeder Mahlzeit ein wenig mehr zusammenschieben. Fressen die beiden Tiere Seite an Seite, ist der Bann meist gebrochen. Das Tempo einer solchen Zusammenführung kann je nach Typ zwischen Tage und Wochen dauern.

Wenn sie sich nicht verstehen. Sollten sich die beiden Katzen partout nicht verstehen, zeigt sich dies in unterschiedlicher Weise. Am offensichtlichsten ist es, wenn es immer wieder zu ernsten Rangeleien und Kämpfen zwischen den Tieren kommt. Ist hier in den folgenden Wochen keine Besserung zu erkennen, so müssen die Katzen

1 Vier Wochen jung. Staunend schaut der Kleine in die große Welt.

2 Selber die Pfote zu beknabbern erfordert noch etwas Übung.

3 Kläglich miaut er, wenn seine Katzenmama zu lange weg ist.

4 Ist doch ganz schön anstrengend, erwachsen zu werden.

getrennt werden. Fühlt sich eine der Katzen durch die Anwesenheit des zweiten Tieres unter Stress gesetzt, ist es auch möglich, dass sie anfängt, innerhalb des Hauses Urinmarkierungen zu setzen. Sie signalisiert so einerseits ihre Grenzen, andererseits versucht sie, das eigene Gefühl der Sicherheit und Geborgenheit zu fördern (→ Seite 12).

Tipp

Entspannung. Bei großem Stress oder für Katzen-»Seelchen« ist ein Zerstäuber mit Katzenpheromonen für die Steckdose beim Tierarzt erhältlich. Die für unsere Nasen nicht wahrnehmbaren Gerüche verteilen sich so im ganzen Zimmer und haben eine besonders entspannende und stressreduzierende Wirkung auf die Katze.

Einzug eines neuen Mitbewohners

Selbst Katzen, die sich normalerweise über Besuch freuen, können mit auffälligem Verhalten wie Aggressivität oder Harnmarkieren reagieren, wenn von heute auf morgen eine Invasion in ihr Territorium erfolgt.

Geschenk mitbringen. Von Vorteil ist es, wenn die Katze langsam Bekanntschaft oder gar Freundschaft mit dem zukünftigen Mitbewohner schließen kann. Bei seinen Besuchen sollten ihm die angenehmen

Dinge in einem Katzenleben, wie zum Beispiel das Füttern, Spielen und Schmusen überlassen werden. Auch das Mitbringen von Katzenminze als Gastgeschenk kommt bei den meisten Katzen sehr gut an. Die Intensität des Kontakts wird dabei von der Katze bestimmt. Die meisten Katzen empfinden aufdringliche Menschen als lästig und der Kontakt wird eher gemieden. Es ist immer besser, der Katze die Annäherungsversuche zu überlassen.

An den Geruch gewöhnen. Bei der Gewöhnung spielt der Geruch der Person eine entscheidende Rolle. Zu empfehlen ist, bei jedem Besuch ein getragenes Kleidungsstück mitzubringen, welches dann zur täglichen Schnupperkontrolle für die Katze erreichbar liegen bleibt. Aus dem gleichen Grund kann man sich auch Pheromonspray, einen synthetischen Geruchsstoff, auf die Hände sprühen (→ Seite 47).

Angenehme Erfahrungen. Einmal eingezogen sollte die neue Person mit der Fütterung und den Spielstunden fortfahren, damit die Katze von Anfang an etwas Positives mit ihr oder ihm verbindet. Tunlichst vermeiden sollte man als Neuling, den Lieblingssessel der Katze zu besetzen. So manche ahndet diese Frechheit mit einer Attacke, die völlig überraschend scheint und den Aufbau eines Vertrauensverhältnisses empfindlich stören kann.

Tipp

Umzug. Feingefühl ist angebracht, wenn eine Wohnungskatze durch den Umzug in ein Haus mit Garten zum Freiläufer werden soll. Erste kurze Spaziergänge unter Aufsicht oder an der Leine verhindern, dass die Katze von einer Flut an Reizen überwältigt wird oder vor Schreck davon rennt und das neue Zuhause nicht mehr wiederfindet.

Ein Baby kommt ins Haus

Besonders bei der Ankunft des ersten Kindes ändert sich vieles im Haushalt und Leben der Eltern und damit auch im Leben des Stubentigers. Diese massiven Änderungen können für die Katze ein Trauma bedeuten, welches verhindert werden kann, indem man sie auf die neue Situation schrittweise vorbereitet.

An das Babygeschrei gewöhnen. Babygeschrei kann für eine unerfahrene Katze durchaus eine nervliche Belastung darstellen. Da Babys aber nun mal schreien, müssen sich auch die empfindlichen Ohren von Miezi daran gewöhnen. Dies kann zum Beispiel mit Hilfe eines Tonbands geschehen.

Entsprechende Bänder gibt es im Fachhandel zu kaufen oder man bittet einfach eine Freundin, die kräftige Stimme ihres Säuglings einmal auf Band aufzunehmen. Noch besser ist es natürlich, Freundin und Baby gleich einzuladen, damit die Katze den kleinen Menschen nicht nur akustisch, sondern auch persönlich kennen lernen kann.

Hinweis: Katzen sind verspielt und ein zappelndes Babybein oder die zwinkernden Augen eines liegenden Kindes können schnell einmal zum Ziel eines Pfotenschlags werden. Babys und Kleinkinder sollte man deshalb nie mit einer Katze allein im Zimmer lassen.

An den Babygeruch gewöhnen. Auch an den Geruch eines Babys kann man die Katze gewöhnen, indem man Babypuder oder Babycreme an sich selbst verwendet. Nach der Geburt des Babys empfiehlt es sich, die Katze häufig an einem bereits getragenen Strampelanzug oder sogar einer Windel riechen zu lassen.

Kinderzimmer rechtzeitig einrichten. Damit nicht zu viele Eindrücke auf einmal auf das Tier einprasseln, sollten Sie das Kinderzimmer schon Monate vor der Geburt fertig einrichten und der Katze auch tägliche Erkundungsgänge in Ihrem Beisein darin erlauben. Das Babybett ist jedoch in jedem Fall tabu.

Der Eifersucht vorbauen. Auch Katzen können eifersüchtig sein, vor allem dann, wenn die geschenkte Aufmerksamkeit vor Ankunft des neuen Familienmitgliedes sehr groß war und auf einmal sehr klein ist. Besser ist es, schon vorher Schmuse- und Spielstunden ein wenig zu reduzieren und die Annäherungsversuche von Seiten der Katze beispielsweise durch ein Kissen oder Buch auf dem Schoß zu verhindern. Später hat man mit dem Baby meist alle Hände voll zu tun und mehr als zwei Hände haben wir nun einmal nicht.

Dieses Training zur Abnabelung gilt vor allem für Tiere, die in einer besonders intensiven Katze-Mensch-Beziehung gelebt haben. So kann dem großen Frust, der mit der Anwesenheit des Babys auftreten kann, vorgebaut werden.

»Ob der Neue mich auch mit im Bett schlafen lässt?«

Stress für Katzen

Katzen lieben keine Veränderungen – weder in ihrer Umgebung, noch in Bezug auf ihre vertrauten Menschen. Dennoch lässt es sich nicht verhindern, das Samtpfote manchmal doch Veränderungen hinnehmen muss. Dann kommt es darauf an, wie Sie Ihre Katze daran gewöhnen.

Nimm mich mit!

Katzen mögen keine Veränderungen. Auch das Verreisen »ihres Menschen« bedeutet eine große Verunsicherung für besonders sensible Stubentiger. Dies gilt vor allem für Katzen, die sehr enge Beziehungen zum Besitzer eingehen. Manche Tiere reagieren darauf mit Unsauberkeit.

Katze & Baby

Stand die Katze bisher im Mittelpunkt bei ihren Menschen, kann sie mit Eifersucht auf das Baby reagieren. Achten Sie darauf, Ihre Katze nicht zu sehr zu vernachlässigen. Katze und Baby nie ohne Aufsicht lassen, denn Missverständnisse sind häufig vorprogrammiert.

Hallo Kleiner!

Neuankömmling

Seine Menschen fanden, dass er einen Spielkameraden brauchte. Kater Obelix empfängt den jungen Eindringling erst mal mit Skepsis, aber nicht unfreundlich. Der Kleine zeigt sich beeindruckt von dem erwachsenen Kater. Nun kommt es ganz auf Sie an, damit diese beiden Freunde werden (→ Seite 59).

Platzwechsel

Othello hat seine Menschen durch einen tragischen Unfall verloren und wurde an einen neuen Platz vermittelt. Er reagiert darauf mit völliger Verunsicherung und großer Angst. Je älter solch eine Katze ist, desto schwerer fällt ihr diese radikale Umstellung.

Zu viel allein

Bisher hat sich Dickie nie einsam gefühlt, denn es waren Kinder im Haus und die Menschenmutter. Nun sind die Kinder ausgezogen und beide Menschen gehen ganztags arbeiten. Als reine Wohnungskatze vermisst er jetzt einen Spielkameraden und Artgenossen mehr als je zuvor.

Umzugsstress

Ein Umzug ist so ziemlich das Stressigste, was man dem Stubentiger antun kann. Katzen sind nämlich Gewohnheitstiere. Nichts schätzen sie mehr als ihre gewohnte Umgebung, ihren regelmäßigen Tagesablauf und ihre vertrauten Menschen. Zeigen Sie jetzt besonders viel Verständnis.

Geschlossen!

Immer waren alle Türen auf, doch plötzlich bleibt eine verschlossen. Nun kann die Katze ihr Revier nicht mehr abschreiten. Sie versucht durch heftiges Scharren an der Tür, Einlass zu bekommen. Hat sie damit Erfolg, kann das Türenkratzen auch zur lästigen Gewohnheit werden.

Wie Hund & Katz'

Obwohl der kleine Yorkshire-Terrier keine böse Absichten gegenüber Benny hegt, zeigt der junge Kater deutlich, was er von dem fremden Besucher hält. Sein Fauchen und direkter Blick signalisieren Aggression. Durch gesträubte Haare und Buckel wird eine imposante Erscheinung vorgetäuscht.

g r r r r
r r r r r
g g r r r r r r r r r r
r r r g r r

Verhaltensstörung oder störendes Verhalten?

Häufig verstehen wir unseren Stubentiger nicht richtig oder bieten ihm kein artgerechtes Leben. Dann empfinden wir typische Katzenart oft als Verhaltensstörung. Für die richtige Diagnose und eine geeignete Therapie sollten Sie professionelle Hilfe zu Rate ziehen.

Die häufigsten Probleme

Natürlich ist es störend, wenn Ihr unkastrierter Kater seine Urinmarkierungen am Fensterrahmen platziert. Hierbei handelt sich jedoch nicht um eine Verhaltensstörung, sondern lediglich um ein unerwünschtes Normalverhalten. Viele solcher natürlichen Verhaltensweisen lassen sich »kurieren«, indem man der Katze ermöglicht, ein artgerechtes Leben zu führen. Die Frage, ob es sich bei aggressivem Verhalten oder einem Unsauberkeitsproblem Ihrer Katze um eine »echte« Verhaltensstörung handelt, sollten Sie nicht alleine beantworten. Auch Krankheiten wie ein Gehirntumor oder Epilepsie können Verhaltensprobleme verursachen. Diagnose und Therapievorschläge müssen von professioneller Seite kommen. Lassen Sie nicht zu viel Zeit verstreichen, sondern suchen Sie bald einen Tierarzt auf, der möglichst auf Verhaltenstherapie spezialisiert sein sollte.

Missverständnis

Warum hatte Lisa bloß eine neue Sorte Streu für sein Katzenklo gekauft?? Das passte Caruso überhaupt nicht. Diese Streu roch nicht nur merkwürdig, sondern piekste auch in seine empfindlichen Pfoten. Da suchte er sich doch lieber ein anderes Plätzchen für seine »Geschäfte«.

Meine Katze ist unsauber

Das Absetzen von Urin oder Kot außerhalb des Katzenklos ist mit Abstand das häufigste der Verhaltensprobleme bei Katzen.

Bekommt man das Problem nicht in den Griff, landen viele solcher Katzen im Tierheim. Ein erster und wichtiger Schritt auf dem Weg zur Diagnose ist die Unterscheidung zwischen Urinabsatz und Markieren. Hierbei kann es hilfreich sein, die Katze »in flagranti« zu beobachten. Setzt sie zum Beispiel Urin oder Kot in der typischen Hockstellung ab und tut sie dies auf flachem Untergrund wie dem Teppich oder einem Badezimmervorleger? Wahrscheinlich handelt es sich hier um Urin- beziehungsweise Kotabsatz am falschen Platz und nicht um ein Markierverhalten.

Dass der Korbstuhl tabu ist, muss die Katze noch lernen.

Setzt die Katze den Urin in der gleichen Haltung auf ganz bestimmte Objekte wie etwa herumstehende Schuhe oder die am Boden liegende Wäsche ab, kann es sich um Markierverhalten handeln. Ein Anzeichen für das Markieren mit Urin ist auch, wenn der Stubentiger sich mit gestrecktem und zitterndem Schwanz an die Wand oder vor das Ziel-Objekt stellt und senkrecht Urin an diese Stelle spritzt. Im Allgemeinen ist die Urinmenge beim Markieren geringer, dafür jedoch weit geruchsintensiver. Einige wenige Katzen markieren auch mit Kot.

Was tun bei Unsauberkeit?

Der Verlust der Stubenreinheit kann unterschiedliche Gründe haben.

Krankheit. Eine der häufigsten Ursachen ist eine Blasenentzündung. Lassen Sie dies von einem Tierarzt abklären.

Konditionierung auf neuen Untergrund. Durch einen Zufall, wie das Einsperren in einen Raum ohne Toilette, wird die Katze gezwungen, sich eine Alternative für ihre großen und kleinen »Geschäfte« zu suchen (→ Seite 33). Hat sie sich beispielsweise

Junge übermütige Katzen müssen konsequent, aber liebevoll erzogen werden.

den Teppich dazu ausgesucht, steigt die Wahrscheinlichkeit, dass sie ihn in Zukunft wieder und immer häufiger nutzt. Verwehren Sie in diesem Fall Ihrer Katze den Kontakt zu dem neuen Untergrund, indem Sie zum Beispiel den Teppich einrollen.

Falsche Katzenstreu/falsche Toilette. Manche Katzen haben eine Vorliebe für eine bestimmte Sorte Katzenstreu und verweigern die Benutzung einer anderen. Sauberkeitsfanatiker unter den Stubentigern verlangen »jungfräuliches« Streu und erwarten mehrmals tägliche Reinigung. Vor allem Hauskatzen haben sehr weiche und empfindliche Sohlenballen und bevorzugen feines Streu, das nicht in die Füsse piekst. Andere Katzen wollen bei der Erledigung ihrer Geschäfte ihre Ruhe haben und möchten eine geschlossene Toilette (→ Tipp, rechts). Und wieder andere würden nicht einmal im Traum auf solch ein geschlossenes »Örtchen« gehen – und wählen dann lieber den Blumentopf.

Angst. Aufgrund schlechter Erfahrungen bei der Benutzung der Toilette meidet die Katze diesen Platz. Dazu gehört zum Beispiel ein lautes Geräusch, das sie sehr erschreckte, ein Hund, der sich in diesem Moment auf das Kätzchen stürzte oder ein Mensch, der die Gelegenheit nutzte, um das scheue Tier einzufangen, um ihm beispielsweise ein Medikament zu geben.

Tipp

Katzenklo. Um herausfinden, welche Toilette Ihre samtpfotige »Diva« bevorzugt, können Sie ihr eine entsprechende Palette verschiedener Streu und unterschiedlicher Toilettenmodelle zur freien Wahl anbieten. Schnell erkennen Sie so die individuelle Vorliebe Ihres wählerischen Stubentigers.

Zum einen sind derartige Erfahrungen natürlich zu vermeiden. Ist das Kind jedoch schon in den Brunnen gefallen, kann auch hier das Aufstellen der Toilette an einem anderen Platz oder der Wechsel auf eine neues Toilettenmodell hilfreich sein.

Unsicherheit. Traut sich die Katze nicht mehr aus ihrem Versteck oder aus einem bestimmten Zimmer, weil eine neue Katze oder ein Hund angeschafft wurde, kann ihr ebenfalls leicht ein Malheur passieren.

Schmerzen. Vor allem alte Katzen, die Schmerzen beim Laufen empfinden, werden den Wohnzimmerteppich eines Tages der Toilette im Keller vorziehen. Auch den Schmerz beim Urinabsatz, verursacht durch eine Blasenentzündung, kann die Katze eventuell mit der Toilette in Verbindung bringen. Sie wird dann auch in Zukunft – nach Ausheilung der Infektion – die Katzentoilette meiden.

Markieren durch Urinspritzen

Ein nicht kastrierter Kater beziehungsweise eine Kätzin markieren fast immer. Hier ist die Kastration der erste Schritt, um das Problem zu lösen. Durch rechtzeitige Kastration vor der Geschlechtsreife kann das unerwünschte Verhalten von vorne herein verhindert werden. Manchmal liegen dem Markierverhalten allerdings auch Stress-Situationen für die Katze zugrunde.
Die Kunst ist nun, den Stress-Auslöser herauszufinden, Hier empfiehlt sich die Hilfe eines Tierarztes für Verhaltenstherapie zu suchen. Ursachen des Psycho-Drucks können die im vorangegangenen Kapitel erwähnten Veränderungen in der Umgebung sein. Die dort aufgezeigten Möglichkeiten, die Katze langsam an die neuen Dinge heranzuführen, dienen sowohl der Vorbeugung als auch der Therapie. In anderen Fällen gilt es natürlich als erste Maßnahme die Ursache des Stresses zu entfernen oder so zu verändern, dass sich die Katze wieder sicher fühlen kann.
Grundsätzliche Maßnahmen zur Stressreduktion sind eine ruhige Umgebung und viele Rückzugsplätze (→ Seite 40). Für die aktiven Stunden müssen Katzen-»Spielplätze« zur Verfügung stehen. Schlaf- und Spielzeiten sollten dem normalen Rhythmus einer Katze entsprechen. Sind diese Faktoren alle überprüft und, wenn nötig, im Sinne der Katze korrigiert worden, stehen die Chancen schon einmal gut, dass sich das Tier wieder beruhigt und das Markieren unterlässt, sobald es sich an die neuen Umstände gewöhnt hat. Bis dies so weit ist, gelten noch ein paar Zusatzregeln.
Reinigung der markierten Stellen. Die verunreinigten Stellen sollten gründlich mit nicht essig- oder ammoniakhaltigen Putzmitteln und Alkohol gereinigt werden. Allein die Anwendung geruchsneutralisierender Sprays reicht nicht aus. Nur unsere Nasen nehmen den Geruch der Markierung nicht mehr wahr. Die Katze riecht diese aber sehr wohl und sobald die Intensität des Sprays nachlässt, wird sie die entsprechende Stelle wieder mit Urin »einduften«.

Moritz untersucht alles, was auf dem Tisch liegt. Das ist nun mal typisch Katzenart.

Synthetische Pheromone. Auch die Anwendung eines Pheromonsprays (beim Tierarzt erhältlich) ist sehr zu empfehlen. Die synthetischen Gesichtspheromone animieren die Katze, die Markierung an dieser Stelle statt mit dem Spritzen von Urin wieder durch das – für uns nicht störende – Reiben des Kopfes aufzufrischen. Zudem haben diese künstlichen Geruchsstoffe eine entspannende Wirkung auf das Tier.

Strafen vermeiden. Ob anonym oder direkt – Strafe hilft in diesen Fällen wenig. Im Gegenteil – durch die negativen Emotionen vergrößert sich die Angst und die Unsicherheit, was zu vermehrtem Markierverhalten führen kann.

Zweite Katze. War das Hinzukommen einer neuen Katze Auslöser des Problems, gilt zu bedenken, dass es unter den schnurrenden Hausgenossen echte Einsiedler gibt, die sich trotz aller Therapiemaßnahmen niemals an das Zusammenleben mit einem Artgenossen oder einem anderen Tier unter einem Dach gewöhnen. Hier bleibt letztlich nur die Trennung der Tiere.

Freigänger. Auch Katzen, die Auslauf gewöhnt waren und plötzlich als Wohnungskatzen gehalten werden, können anfangen, zu markieren. Für manche Katze ist es dann besser, sie bekommt einen neuen Platz, an dem sie ihre Freiheit wieder genießen kann.

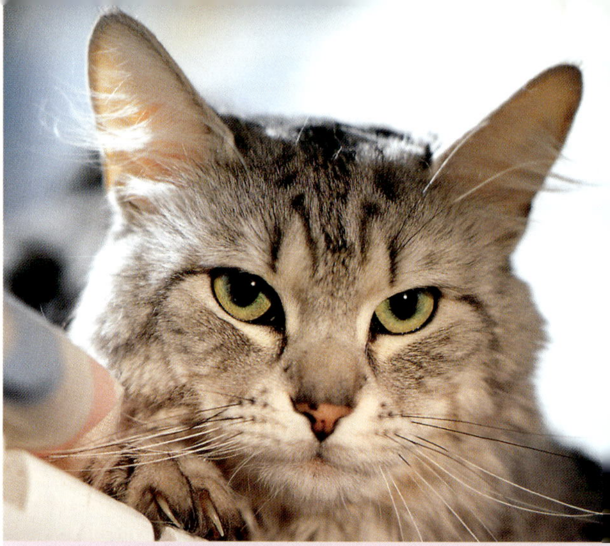

Warum Katzen aggressiv sind

- **Angstaggression.** Bei Bedrohung durch Menschen oder andere Tiere. Vorsicht! Schreiende oder auf die Katzen zu rennende Kinder können als Bedrohung aufgefasst und angegriffen werden.
- **Asoziale Aggression.** Bei schlecht sozialisierten Katzen oder Einzelgängern, die auf aggressive Art versuchen, ihr Gegenüber auf Distanz zu halten.
- **Spielerische Aggression.** Vor allem bei jungen oder unterbeschäftigten Katzen. Die Angriffe werden meist durch deutliches Lauern vorbereitet. Oft dienen Füße oder Beine als vermeintliche »Beutetiere«.
- **Krankhafte Aggression.** Krankheiten oder Schmerzen können aggressives Verhalten bei Katzen verursachen.
- **Umgerichtete Aggression.** »Aus heiterem Himmel« kommt der Angriff für das Opfer. Ursache: Oft sieht die Katze etwas durch das Fenster, das sie sehr erregt, wie etwa einen Hund. Da sie sich im Haus befindet, attackiert sie stattdessen dann das nächstbeste zwei- oder vierbeinige Opfer im Raum.

Tipp

Fressstörungen. Das natürliche Fressverhalten kann bei Hauskatzen auch aufgrund von Langeweile gestört sein (→ Seite 74). Es lässt sich wieder trainieren, indem man die Tagesfutterration in regelmäßigen kleinen Portionen (mindestens fünf Mahlzeiten pro Tag) reicht.

Aggressives Verhalten

Aggressives Verhalten bei Katzen ist recht häufig. Auch wenn Katzen im Allgemeinen nicht als gefährliche Tiere gelten, so kann ein aggressives Tier doch schmerzhafte Verletzungen verursachen. Jeder Tierarzt kann von den vermeintlich harmlosen Miezen eine Geschichte erzählen, die sich bei der Untersuchung plötzlich in ein fünfköpfiges Monster mit 16 scharfkralligen Klauen verwandeln. Dies zeigt auch schon einen wichtigen Grund für aggressives Verhalten: große Angst oder Schmerzen. In beiden Fällen kann nur ein Tierarzt helfen.

Langeweile. Ein anderer, häufiger Verursacher von Kratzern oder gar Bisswunden an Händen und Füßen ist eine gelangweilte Katze. Hier sind es vor allem Wohnungskatzen, die ihr Bedürfnis nach Jagd oder Jagdspielen nicht befriedigen können. Keiner spielt mit ihnen und der angeborene Trieb wächst und wächst, bis er schließlich so groß ist, dass auch sehr untypische Beutetiere das Jagdverhalten auslösen. Ein solches Beutetier kann auch ein vorbeigehender Mensch sein. Die sich bewegenden Füße bieten als »Riesen-Mäuse« idealen Ersatz für die nicht vorhandenen Nager.

Der darauf folgende Schreck- oder Schmerzensschrei des Opfers scheint das Hochgefühl des erfolgreichen Jägers noch zu steigern. Als Therapiemaßnahme hilft hier nur Spielen, Spielen, Spielen. Wichtig ist in solchen Fällen geeignetes Katzenspielzeug wie etwa eine Fellmaus oder ein Angelspielzeug, das Sie vor der Katze hin- und hertanzen lassen. Hände oder Füße sind für diese Grobiane tabu. Nur so werden die Grundbedürfnisse des geborenen Jägers befriedigt und die heimtückischen Angriffe von hinten finden ein Ende.

Etwas unsicher schaut Minka, was ihr Mensch von ihr will.

Hinweis: Bei allen anderen Formen aggressiven Verhaltens (→ Checkliste, links) ist eine Therapie auf eigene Faust nicht anzuraten. Wenden Sie sich in diesen Fällen unbedingt an einen Tierarzt, der auf Verhaltenstherapie spezialisiert sein sollte.

Wenn Katzen schwierig sind

Die meisten Probleme mit ihrem »seelischen Gleichgewicht« bekommen Katzen durch uns Menschen. Vielleicht hat Mikesch schon einmal schlechte Erfahrungen gemacht, die Wohnung ist nicht katzengerecht ausgestattet oder Minka langweilt sich ganz einfach ...

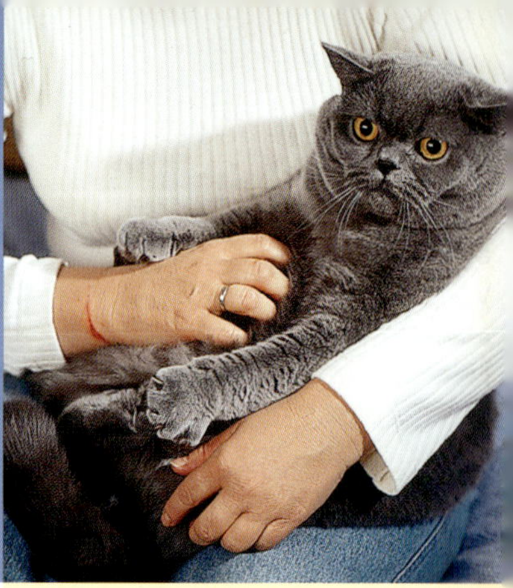

Ich bin der Boss!

Schleich dich!

Die Fronten klären

Felix ist der alteingesessene Revierinhaber. Von Anfang an macht er dem neuen und eventuell späteren Rivalen klar, wer hier das Sagen hat. Für beide Katzen bedeutet dies Stress. Bei anhaltenden Spannungen können Verhaltensstörungen die Folge sein (→ Seite 59).

Nuckeln & Fresssucht

Tigerchen nuckelt regelmäßig am Wollpullover. Manchmal hängt dies mit einem zu frühen Absetzen von der Mutter zusammen. Dickie frisst aus Langeweile viel zu viel. Er wird immer fetter und träger. Ein Spielpartner muss her, Diät ist angesagt und mehr Fitness-Spiele mit seinem Menschen.

So bitte nicht!

Diese Form von aufdringlicher Zuwendung bedeutet für Othello absoluten Stress. Sein ganzes Verhalten drückt dies aus, wird aber leider von seinem Menschen ignoriert. Ohne Möglichkeit zur Flucht verwarnt er schließlich mit einem Biss in die Hand als letzte Rettung.

Langeweile & Frust

Wenn sich Crazy langweilt, zu viel alleine ist und keine Anregungen findet, ist er gezwungen, sich welche zu schaffen. Inzwischen hat sich hieraus eine ernst zu nehmende »Zerstörungswut« entwickelt. Kater Ginger hat ins Bett uriniert. Diese Verhaltensstörung muss dringend therapiert werden.

Minka wehrt sich

Ängstlich an die Wand gedrückt sucht Minka Rückendeckung. Schließlich fühlt sie sich so bedrängt, dass sie mit der Pfote zuschlägt. Mit angelegten Ohren und geschlossenen Augen erwartet sie den Gegenschlag. Minka gehört zu den Katzen, die einen katzenerfahrenen Menschen brauchen.

Register

Die **halbfett** gesetzten Seitenzahlen verweisen auf Abbildungen.

Adressen

■ **Verein Deutscher Katzenfreunde e.V.**
Postfach 740924,
22099 Hamburg
■ **Deutscher Edelkatzenzüchterverband (1. DEKZV)**
Berliner Straße 13, 35614 Aßlar
Internet: www.dekzv.de
■ **Deutsche Rassekatzen Union e.V. (DRU)**
Hauptstraße 56,
56814 Landkern
Internet: www.DRU.de
■ **Österreichischer Verband für die Zucht und Haltung von Edelkatzen (ÖVEK)**
Liechtensteinstr. 126, A-1090 Wien
■ **Fédération Féline Helvétique (FFH)**
Denise Kölz, Solothurnerstr. 83,
CH-4053 Basel
Internet: www.ffh.ch
■ **Deutscher Tierschutzbund e.V.**
Baumschulallee 15, 53115 Bonn
Internet: www.tierschutzbund.de

Zeitschriften

■ **Whiskas® Katzenwelt**
Erscheint viermal im Jahr kostenlos bei Whiskas®
Betreuungs-Service, Postfach 6808,
76048 Karlsruhe, Tel. 01805/300311
Internet: www.whiskas.de
■ **Ein Herz für Tiere**
Gong Verlag, Nordendstraße 64,
80801 München
Internt: www.herz-fuer-tiere.de
■ **Geliebte Katze**
Gong Verlag, Nordendstraße 64,
80801 München
Internet: www.geliebte-katze.de
■ **die edelkatze**
Illustrierte Fachzeitschrift für Katzenfreunde. Verbandszeitschrift des DEKZV, Berliner Straße 13,
35614 Aßlar
■ **katzen**
Herausgeber: Deutsche Rassekatzen-Union e. V. (DRU),
Hauptstraße 56, 56814 Landkern
■ **Welt der Katze**
Erscheint viermal im Jahr
Postfach, CH-8706 Meilen
Infoline: 0848-811-810
Internet: www.whiskas.ch

Die Autorin

Dr.med.vet. Astrid Schubert ist Tierärztin für Verhaltenstherapie von Hunden, Katzen und Pferden. Die Weiterbildung über aktuelle Methoden der Verhaltenstherapie führte sie nach England und in die USA. Sie veranstaltet Seminare über Verhalten und Erziehung von Haustieren und veröffentlicht regelmäßig Artikel in der Fachpresse.
■ **Dr.med.vet. A. Schubert**
Gebsattelstr. 28, 81541 München

Die Fotografin

Monika Wegler gehört zu den besten Heimtierfotografen Europas. Sie arbeitet außerdem als Journalistin, Tierbuch-Autorin, züchtet Abessinier-Katzen und lebt mit sieben Samtpfoten zusammen.
Die folgenden Aufnahmen dieses Ratgebers stammen von ihr:
Seite 2, 3, 4, 5, 6, 7, 9, 11, 13, 14, 15 (außer o.mi.), 16, 17, 20, 21, 24, 25, 26, 27, 28, 29 o., 30 re., 33, 34, 35, 36, 37, 38, 39, 40, 41, 42, 43, 44 re., 47, 51, 52, 53, 54, 55, 56, 60, 61, 64, 65, 66, 67, 68, 69, 74, 75
Whiskas®: Seite U1, 1, 10, 15 o.mi.,

18, 19, 22, 23, 29 u., 30 li., 44 li., 49, 57, 59, 63, 71, 72, 73, U4.

Ein Dankeschön an

Barbara Ehrl, die für die Fotoproduktion Katzenausstattung zur Verfügung stellte (»Katzenoase«, Georgenschwaigstraße 1, 80807 München, e-mail: Katzenoase@t-online.de).

Wenn Sie Fragen oder Anregungen haben, dann können Sie sich selbstverständlich auch direkt an unseren Partner wenden:

Whiskas®
Masterfoods GmbH
Kundentelefon: 01805/300311
Internet: www.whiskas.de

Impressum

Redaktionsleitung: Anita Zellner
Redaktion: Gabriele Linke-Grün
Umschlaggestaltung und Layout: Henning Bornemann
Projektleitung: Whiskas® (Masterfoods GmbH): Margrit Kolbe-Hopp
Herstellung: Susanne Mühldorfer
Satz: Cordula Schaaf
Reproduktion: Penta, München
Druck: Appl
Bindung: Monheim

Printed in Germany
ISBN 3-7742-3959-2

Auflage:	4.	3.	2.	1.
Jahr:	05	04	03	2002

Das Original mit Garantie

Ihre Meinung ist uns wichtig. Deshalb möchten wir Ihre Kritik, gern aber auch Ihr Lob erfahren. Um als führender Ratgeberverlag für Sie noch besser zu werden. Darum: Schreiben Sie uns! Wir freuen uns auf Ihre Post und wünschen Ihnen viel Spaß mit Ihrem GU-Ratgeber.
Unsere Garantie: Sollte ein GU-Ratgeber einmal einen Fehler enthalten, schicken Sie uns bitte das Buch mit einem kleinen Hinweis und der Quittung innerhalb von sechs Monaten nach dem Kauf zurück. Wir tauschen Ihnen den GU-Ratgeber gegen einen anderen um.

Ihr Gräfe und Unzer Verlag
Redaktion Heimtier
Stichwort: Whiskas® Katzenratgeber
Postfach 860325
81630 München
Fax: 089/4 19 81-113
e-mail:
leserservice@graefe-und-unzer.de

WHISKAS® KATZENRATGEBER

damit Ihre Katze sich wohl fühlt

ISBN 3-7742-5388-9
80 Seiten

ISBN 3-7742-5391-9
80 Seiten

ISBN 3-7742-3958-4
80 Seiten

ISBN 3-7742-5390-0
80 Seiten

ISBN 3-7742-5389-7
80 Seiten

Die Welt der Katzen entdecken und alles erfahren, was man schon immer über die kleinen Tiger wissen wollte! So klappt das harmonische Zusammenleben von Mensch und Katze von Anfang an.

WEITERE LIEFERBARE TITEL BEI GU:

- **GU TIERMEDIZIN: So bleibt meine Katze gesund, Sanfte Medizin für Katzen**
- **TIERE ERLEBEN: Katzen**

GU

Gutgemacht. Gutgelaunt.

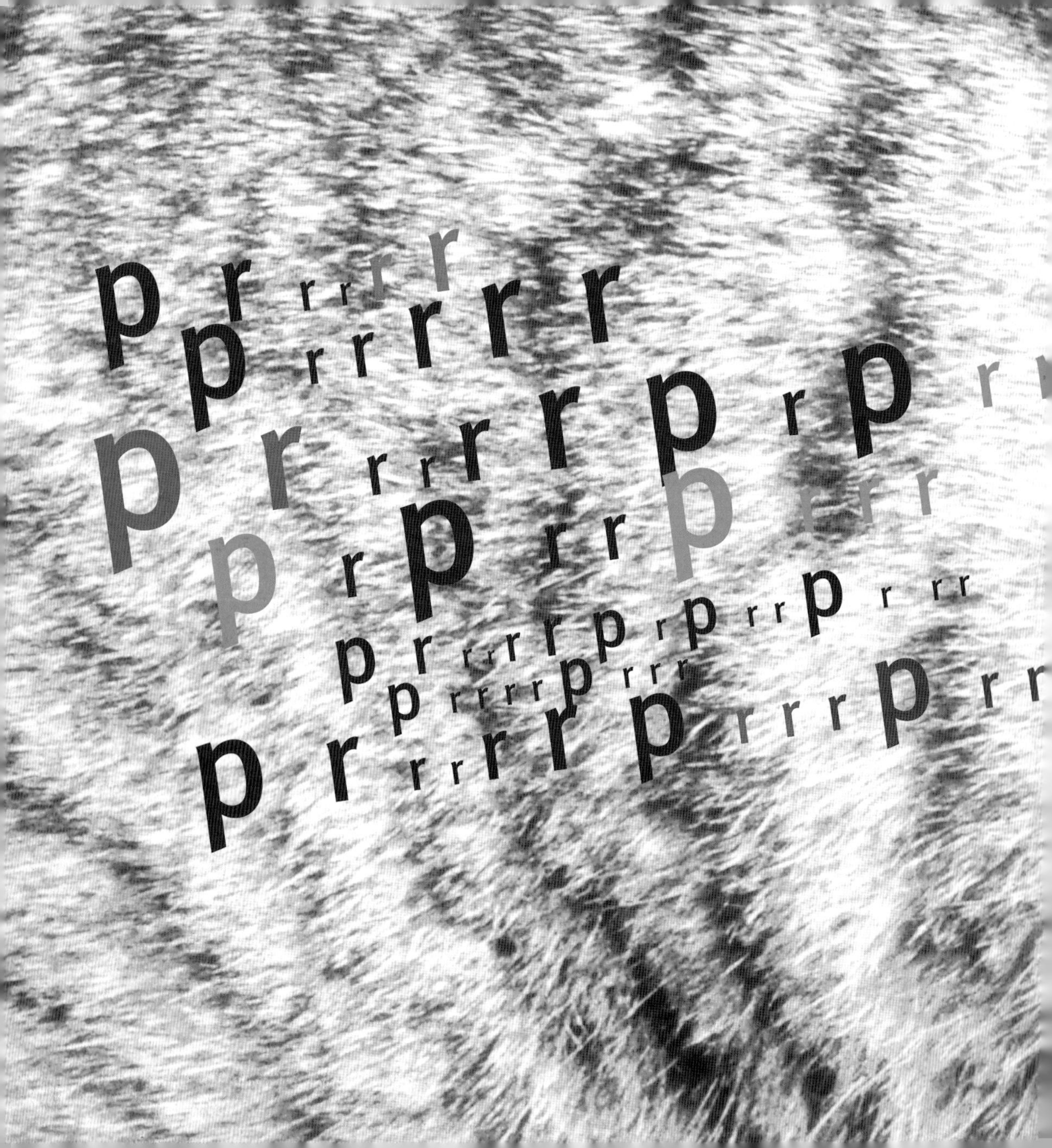

p r r r r r r r r
p r r r r r r
p r r r r p r p r r
r r r p r r
p r p r r
p r r r r p r p r r p r r r
p r r r r p r r r
p r r r r p r r r r p r r
r r r